# 영업의 꽃은 보험영업이다

영업의 꽃은 보험영업이다

초판 1쇄 인쇄 | 2009년 6월 20일
초판 2쇄 발행 | 2013년 6월 25일

지은이 | 이성희
펴낸이 | 김진성
펴낸곳 | 호이테북스

편　집 | 박종배
마케팅 | 원종필
디자인 | 장재승
관　리 | 정보혜

출판등록 | 2005년 2월 21일　제313-2005-000034호
주　소 | 서울시 구로구 개봉동 359-18 한일코지세상 102동 201호
전　화 | 02-323-4421
팩　스 | 02-323-7753
이메일 | kjs9653@hotmail.com

ⓒ 이성희, 2009
값 12,000원
ISBN | 978-89-93132-08-3 03320

# 영업의 꽃은 보험영업이다

이성희 지음

[책을 펴내며]

    이 세상에는 참으로 다양한 직업들이 존재하고 있습니다. 그리고 많은 이들이 직업에 종사하면서 자신의 존재가치를 느끼며 생활합니다. 그 직업 중 하나가 바로 보험영업입니다. 하지만 보험이 주는 그 가치를 제대로 알고 느끼며 영업하는 사람은 의외로 많지 않습니다. 이렇듯 자신이 하는 일에 대해 가치와 자부심을 느끼지 못하고, 부초처럼 살아가는 사람을 보면서 필자는 참 가슴이 아픕니다.

    또한 고객들은 자신이 가입한 보험이 무슨 보험인지도 모른 채 설계사가 권하는 대로 가입을 합니다. 보험사는 지점장에게 실적 목표를 할당하고 있으며, 지점장은 설계사의 안면 영업에 의존해 그 목표만 달성하면 된다고 생각합니다. 설계사가 떠나면 다른 설계사로 대체하면 그만이라고 여기는 것입니다. 이와 같은 먹이사슬 구조 아래서 각각의 주체들은 서로 동상이몽을 꾸고 있습니다.

    필자는 이러한 현실에 변화가 필요하다고 느껴왔습니다. 이제는 자신의 일에 자부심과 가치를 느끼고 힘찬 걸음을 내딛는 설계사들이 많아져야 합니다. 보험회사에서는 물론 그러한 설계사들을 재산목록 1호로 여겨야겠지요. 그리고 그들에게 실전교육으로 가슴을 뛰게 하고, 주먹을 불끈 쥘 수 있도록 해야겠지요. 그것만이 보험회사와 설계사 모두가 상생하는 길입니다. 무력감과 슬럼프에 빠진 설계사들에게 상품교육이 과연 무슨 의미가 있겠습니까.

 우리나라 보험의 역사는 거의 100년이 다 되어가고 있습니다. 하지만 보험회사와 설계사들을 위한 지침서는 쉽게 찾을 수가 없었습니다. 필자는 이러한 모습 속에서 보험업계의 위상과 현실을 본다는 것이 참으로 안타까웠습니다. 그래서 필자가 실전에서 느낀 경험을 바탕으로 양자 모두에게 조금이라도 도움이 되기를 바라는 마음으로 그 동안 기록한 것을 정리해보았습니다. 그래서 출간한 것이 이 책입니다.

 필자에게 지나간 과거의 시간들은 참으로 힘겨웠지만 그래도 마음에 위로가 되는 것이 있었습니다. "영업은 모든 것이 배움이고 정답이다"라는 것이 그것입니다. 경험은 모든 선험을 앞선다는 저만의 믿음 때문이겠지요. 그렇습니다. 영업만큼 경험 중심적이고, 경험을 통해 얻는 것이 피가 되고 살이 되는 분야는 없는 것 같습니다. 지금 돌이켜 보건데, 이러한 믿음에 더욱 큰 확신만이 가미될 뿐입니다.

  이 책에서도 그런 확신을 토대로 필자의 경험을 살리고자 노력했습니다. 그래서 앞뒤의 순서는 큰 의미가 없습니다. 그저 바쁜 설계사들이 아무데나 펼쳐서 목차를 보고 맘에 드는 것부터 읽어보면 그만입니다. 이 책을 펴내는 이 순간 필자는 첫 눈을 밟고 가는 기분입니다. 물론 그 눈 속에는 감춰진 크레바스가 있을지도 모릅니다. 하지만 "먼저 맞는 매가 낫다"고 했던가요. 먼저 가는 길이기에 뒤따라오는 분들이 좀 더 편하고 쉬울 수만 있다면 저로서는 행복에 겨운 비명을 지를 것입니다.

  끝으로 매주 토요일마다 "실전 영업교육"에 참석해 이 책이 세상에 나올 수 있도록 동기를 부여해준 수많은 설계사님들과, 저에게 이런 큰 지혜와 능력을 주신 부모님과 하 회장$^{Jesus}$님께 영광을 돌립니다. 그리고 옆에서 끊임없이 성원과 격려를 아끼지 않은 아내와 아들, 딸에게도 고마움을 전합니다.

 마지막으로 이 책을 읽는 모든 독자들의 앞길에 창창한 대로와 따뜻한 햇살이 가득하길 기원합니다. 졸필이지만 땀을 흘리는 이들이 한 구절만이라도 얻어갈 것이 있다면 필자로서 그 동안 겪었던 집필의 고뇌와 외로움은 한 순간에 씻길 것입니다. 부디 더할 나위 없는 영광과 행복이 그대들 앞에 있으라!

탈고를 마친 어느 날 당산동에서
이성희

:: contents ::

책을 펴내며

## chap 01 영업의 꽃은 보험영업이다

01 보험영업이 어렵다는 편견은 버려라 | 013
02 보험영업은 유망하고 멋진 직업이다 | 018
03 보험영업은 플라시보 효과가 작용한다 | 025
04 보험영업은 사탕보다 달콤하다 | 030
05 보험영업은 자부심이 생명이다 | 035
06 보험영업은 그만두기가 더 어렵다 | 039
07 보험영업에서 교육은 필요충분조건이다 | 044
08 보험영업은 창의적·반복적인 작업이다 | 049

## chap 02 영업달인은 1%가 다르다

01 자신만의 길을 개척하고 만든다 | 057
02 활동일지는 반드시 쓴다 | 061
03 준비는 영업의 어머니다 | 066
04 상품과 고객에 대한 지식으로 움직인다 | 071
05 분명하고 현실적인 목표로 나아간다 | 076
06 장기적인 비전에 따라 움직인다 | 081
07 영업에 미쳐 일을 즐긴다 | 085
08 통계에서 답을 찾고, 통계대로 움직인다 | 090

## chap 03 잠재고객에게 접근하라

01 오늘보다 내일에 투자하라 | 099
02 주변 사람부터 공략하라 | 104
03 소탐대실하지 마라 | 109
04 영업은 이론보다 실천이다 | 114
05 보험영업의 꽃은 화법이다 | 121

06 거절 화법을 "Yes 화법"으로 바꿔라 | 126
07 거절은 고객의 본연적 인사법이다 | 132
08 고객은 호랑이가 아니다 | 137
09 자신만의 영업방법으로 흔적을 남겨라 | 142
10 분위기가 사람과 성과를 만든다 | 146

## chap 04 상담에서 50% 먹고 들어가라

01 상담에도 법칙이 있다 | 153
02 상담시간은 목숨처럼 지켜라 | 157
03 가입을 권하기 전에 보장내용을 설명하라 | 162
04 설계는 고객과 현장에서 하라 | 167
05 보험료를 빼달라고 하면 빼줘라 | 173
06 만기환급금에 집착하지 않도록 상담하라 | 177
07 보장이 좋은 상품인지 반드시 확인하라 | 182

## chap 05 계약서를 쓴 뒤가 더 중요하다

01 계약한 사람이 계약할 확률도 높다 | 189
02 연결화법으로 교차, 추가판매를 하라 | 194
03 해지나 변경 시 유의할 것을 챙겨라 | 199
04 고객관리 시스템을 구축하라 | 204
05 새로운 고객과 끊임없이 연애하라 | 208
06 고객의 보상 청구는 설계사가 직접 하라 | 212
07 보험 양식장을 만들어라 | 218

맺음말

The highest peak of sales is the insurance sales!

# chap 01

# 영업의 꽃은 보험영업이다

01 보험영업이 어렵다는 편견은 버려라
02 보험영업은 유망하고 멋진 직업이다
03 보험영업은 플라시보 효과가 작용한다
04 보험영업은 사탕보다 달콤하다
05 보험영업은 자부심이 생명이다
06 보험영업은 그만두기가 더 어렵다
07 보험영업에서 교육은 필요충분조건이다
08 보험영업은 창의적·반복적인 작업이다

The highest peak of sales is the insurance sales!

## 01 보험영업이 어렵다는 편견은 버려라

당신에게 질문을 하나 던져보겠다. 보험영업이 어렵다고 생각하는가? 아니면 쉽다고 생각하는가? 어렵다고 답한 사람은 아마 보험영업에 대한 기본적인 개념이 없거나 이전에는 손쉽게 돈을 벌 수 있는 그런 직업이라고 생각했지만 실제 경험해보니 어려웠기 때문일 것이다.

보험에 입문하는 많은 사람들은 대개 주위 배경과 인맥만 좋다면 몇 개월 만에 쉽게 큰 돈을 벌 수 있다고 생각한다. 게다가 보험사들도 증원을 할 때 쉽게돈을 벌 수 있다고 현혹한다. 그래서 대개는 그 말만 믿고 보험영업을 시작하는 경우가 많다. 그러나 입사를 한 후 현실과 이상의 차이로 인해 대다수의 사람들이 중도에 포기를 한다.

당신도 보험영업을 시작하기 전에 다음과 같은 말을 들은 기억이 있을 것이다.

"우리 지점에 있는 50대의 여자인 ○○는 남편이 벌어다 주는 급여로 살림만하다가 남편이 교통사고를 당하는 바람에 보험영업을 처음 시작했대. 그런데 보험을 시작한지 6개월 만에 급여가 벌써 천만원이 넘는다고 하더라."

또는 이런 말도 들었을 것이다.

"우리 영업소에는 65세가 넘으신 남자분이 계신데 정년퇴직 후 마땅히 할 일이 없어 보험을 시작했는데 지금은 직장생활 때보다도 많은 돈을 번대. 게다가 계약은 주로 골프를 치면서 큰 계약만 받아온다고 하더라고."

이처럼 매력적이고 희망적인 말 때문에 대개가 나도 할 수 있다는 자신감으로 시작을 한다. 하지만 막상 부딪쳐본 현실은 그리 만만치 않다. 그래서 결국 그들이 내놓는 말은 "영업은 어렵다"이다. 그렇다면 정말 보험영업은 어려운 것일까? 하늘에서 별이라도 따야 하는 것처럼 정말 까마득하고 아득하기만 한 것일까?

위에서 든 예가 물론 반드시 틀린 것만은 아니다. 그래도 필자는 보험영업은 쉽다고 말할 수 있다. 필자의 사무실에서 일하거나 필자에게 개인적으로 보험영업을 배우는 설계사의 경우 대개 6개월 정도면 수 천만원은 아니라도 몇 백 가량은 받기 때문이다. 사용인 자격시험을 통과해 자격을 취득하고 매일 아침 철저한 출근 관리와 체계화된 교육 시스템으로 무장된 설계사들은 일반 설계사들과는 차이가 날 수밖에 없다.

보험회사의 자체 교육만으로는 일반 설계사들이 한계에 부딪

치는 것은 당연하다. 엄격하고도 체계화된 교육 시스템이 제공되지 않기 때문에 더 빨리 슬럼프가 오거나 그 슬럼프에서 벗어나지 못하고 급기야 영업을 포기하게 되는 것이다. 그리고 그들이 내놓는 말이 "보험영업은 어렵다"이다. 이 말은 열심히 준비하지 않은 패자들의 푸념일 뿐이다. 항상 영광은 어려움을 뚫고 승리한 사람들의 몫일 뿐이다.

보험업계의 한 달은 다른 곳보다 훨씬 빠르게 지나간다. 방문할 곳이라도 있어야 설계사라는 명함도 내밀겠지만 그조차도 없다면 그야말로 갑갑하다. 그렇게 되면 시작할 용기는 커녕 거절당할 두려움이 앞서게 된다. 물론 보험에 관한 지식이 없는 경우도 있다. 그럴 때는 상담이라도 받고 싶지만 그럴 사람조차도 별로 없다. 응용능력이 뛰어나다면 몰라도 현 상황을 스스로 헤쳐나갈 힘이 없기에 보험영업이 힘들게 느껴질 것이다.

상품지식이라도 완벽하게 습득할 시간을 줬으면 좋으련만 회사는 입사 1개월 때부터 현장으로 내몰기 바쁘다. 상품지식을 제대로 배울 시간마저 주지 않는 것이다. 마치 TV에서 방영되는 〈체험! 삶의 현장〉이란 프로그램처럼 이론보다는 계약을 많이 따내는 것이 최고라는 못된 관습과 실적 위주의 시스템이 만들어 놓은 결과 때문이다. 영업에 대한 경험도 없는 이런 신출내기가 영업현장에 나간다면 얼마나 두렵겠는가?

그렇게 되면 고객의 기본적인 거절에 속수무책으로 당할 수밖에 없을 것이다. 그럼에도 불구하고 실적을 올려야 하기에 두려우면서도 마음만 바쁠 것이다. 이런 내용은 비단 신입 설계사들에게만 해당하는 것이 아니다. "세 살 버릇 여든 간다"고 대충 배워 습관이 된 경력자들도 크게 다를 것이 없다. 보험사에서 가르치는 방법이나 화법이 대부분 그렇기 때문이다.

기본 지식은 물론 응용력조차 부족한 설계사에게 교재에 나와 있는 몇 줄의 화법만 가지고 버텨나가라고 하니 얼마나 힘이 들겠는가? 게다가 "잘하는 사람은 가르쳐주지 않아도 스스로 잘한다"며 질책까지 한다면? 이것은 비단 먼 나라 이야기가 아닌 보험업계의 현실이다. 그리고 관행처럼 진행되어 하나의 패턴이 되었다.

사람을 만나 규칙적인 화법을 사용한다는 것은 사실 매우 어려운 일이다. 시간이나 장소, 주위의 환경 등 너무도 다양한 변수가 존재하기 때문이다. 그렇다고 모두 필요 없다는 것은 아니다. 필자는 여기서 교육방법의 문제점을 말하는 것이다. 강제로 화법에 관한 책을 다 외우기보다는 시간을 들여서라도 고객에게 거절을 당하거나 영업을 하면서 겪게 될 상황을 가정하여 지속적으로 연습하는 것이 가장 좋은 방법이라는 것이다. 멋진 단어나 전문용어가 아니더라도 고객에게 강요하지 않으면서도 살갑게 접근하는 방법은 너무도 많다.

보험영업이 어렵다는 것은 준비가 없이 달려들어서 그런 것이다. 보험회사는 평상시 교육을 통해 현장에서 일어날 수 있는 다양한 상황을 설정하여 대응할 수 있는 다양한 화법들을 지속적으로 전달해야 한다. 그동안 수많은 설계사들을 만나 이야기해본 결과 국내외 어느 보험사든 교육에 대해선 별반 차이가 없었다. 앞으로 보험시장의 환경이 GA시장으로 급변하면 어떻게 사용인들을 모집하고 교육을 하며 조직을 관리할 것인가?

　보험은 무자본 고수익을 창출할 수 있는 최고의 직업이다. 그리고 기본만 제대로 배우고 시작한다면 평생 먹고사는 데 지장이 없는 매력적인 직업이다. 실전을 중심으로 한 교육과 개인의 역량이 시너지를 낸다면 보험영업은 더 이상 어렵지 않다. 20년 이상 생, 손보사에서 근무한 설계사님들이 자사의 수요일과 토요일 교육에 참가함으로써 그 결과를 증명했다. 그들은 "보험이 이렇게 쉬운 줄 몰랐다", "일찍부터 보험회사에서 이런 교육을 시켜줬다면 돈도 훨씬 더 많이 벌고 일도 재미있게 했을 텐데"라며 "이제부터라도 영업을 처음 시작하는 마음으로 새롭게 도전하겠다"고 했다.

　아직도 보험영업이 어렵다고 여겨지는가? 우선 그 편견을 버려라. 그리고 체계적이고 실전적인 교육을 찾아 참가하고 내 안의 에너지에 불을 지펴라. 승자의 모든 말은 교훈이 되지만, 패자의 모든 말은 변명이 된다.

## 02
## 보험영업은 유망하고 멋진 직업이다

　세상에는 참으로 다양한 직업들이 존재한다. 그러나 쉽게 접근이 가능한 직업은 의외로 그리 많지 않다. 어떤 것은 자본이 필요한 경우도 있고 자격증이나 그에 합당한 학력과 실력이 있어야만 하는 것도 있다. 그리고 그런 요구조건이 별로 없는 경우는 대개 소득이 많지 않다. 그 중에 자본금이 들어가지 않고 노력만으로도 고소득을 올릴 수 있는 직업이 있다. 그것이 바로 영업이다.
　영업에도 여러 가지 분야가 있다. 그 중에서도 단기간에 높은 수익을 올릴 수 있는 것이 바로 보험영업이다. 보험영업은 영업의 한 분야이면서도 다음과 같은 장점을 가진다.
　첫째, 판매만 하면 된다. 판매를 제외한 보상에서 A.S까지 모든 업무를 보험회사에서 처리하기 때문에 관리를 하는 데 있어 매우 편하다. 다른 영업은 보통 관리나 A.S 등 모든 부분들을 신경써야 하지만 그러한 것들에 대해서 큰 신경을 쓰지 않아도 되는 영역인 것이다.

둘째, 보험영업은 나이나 성별, 학력 등에서 차별이나 제한을 두지 않는다. 단지 판매할 수 있는 능력이 가장 중요할 뿐이다. 그래서 처음 시작하기에 비교적 편하다. 그리고 평생직업으로서도 별로 손색이 없다.

셋째, 알아야 하는 것이 비교적 단순한 편이다. 질병이나 재해와 상해, 자동차, 화재 등에 대한 몇 가지 지식만 완벽하게 이해하면 된다. 게다가 이러한 지식들은 일반인들이 잘 알고 있는 지식의 영역이 아니다. 그렇게 보면 자신의 지식을 판매하는 분야인 셈이다.

그것뿐만이 아니다. 영업을 통해 맺어진 고객과 평생 인간관계를 맺으며 살아갈 수도 있다. 단지 상품을 판매하고 여기서 끝나는 것이 아니라 지속적이고도 발전적인 관계로 이어나갈 수 있는 것이다. 또한 고객이 어려움에 처했을 때 도움을 줄 수 있는 몇 안 되는 직업 중 하나다.

얼마 전 방송에서 10년 후 가장 유망한 직업이 무엇인지 설문조사한 적이 있었다. 그때 각 나라마다 공통적으로 올라온 최고의 직업으로 바로 재무 컨설턴트, 즉 보험설계사가 꼽혔다. 이렇게 본다면 보험영업은 지구상에서 가장 유망하고도 멋진 직업인 것이다.

필자는 사실 보험이 인류가 창조된 이래 계속 있어왔다고 생각하는 사람이다. 그 출발점은 천국과 지옥이 있다는 신앙적 믿음에서 기원했다고 생각된다. 그만큼 역사도 길다. 그리고 인류가 멸망할 때까지 변치 않고 존재할 수 있는 직업이다.

필자가 보험영업을 처음 시작하게 된 것도 다름 아닌 영업 이후에 발생하는 사후관리 때문이었다. 97년 5월 IMF가 도래하기 불과 4개월 전, 운영하던 사업이 부도가 났던 것이다. 그 사업은 학원에 어학시설과 감시 카메라, 방송시설 등을 설치하는 사업이었고, 납품금액도 고액이어서 전문성과 신뢰가 없다면 할 수 없는 사업이었다. 예정에도 없던 부도로 고통스런 시간의 연속이었다.

그러나 필자를 더욱 괴롭힌 것은 자신의 말에 대한 책임이었다. 그때는 말에 대한 책임이 얼마나 크고 그것이 나를 궁지로 몰고 갈 줄 몰랐다. 사후관리를 잘해주면 또 다른 고객을 소개받거나 잘 되는 방향으로 가겠지 하는 생각에 수많은 약속을 남발했던 것이다. 영업을 활성화하기 위해 얼마나 많은 미사여구를 동원했겠는가?

"저를 믿으십시오. 끝까지 책임지겠습니다."
"제가 보장하면 믿으셔도 됩니다."
"저를 믿어주신 것에 대한 신뢰는 지키겠습니다."
"저희 집 가훈은 늘 처음처럼 입니다. 처음처럼 하겠습니다."
"전화주시면 24시간 언제든 즉시 달려가겠습니다."

이처럼 고객에게 신뢰를 줄 수 있는 말을 남발하며 영업을 했었다. 그러다 결국 부도가 났다. 부도로 인한 물질적인 고통도 고통이었지만 앞으로가 더 걱정이었다. 전화를 끊고 잠적하거나 이대로 헤쳐 가는 길 외에 다른 선택은 없었다. 일단 후자를 택하기로 했다. 약속은 지켜야 한다는 강박관념이 밀려왔다. 약속을 지키지 않는 것은 내가 가장 싫어하는 것 중 하나였기 때문이었다.

매일 울려대는 A.S 전화는 잡념을 잊게 해줘 한편으로는 위안이 되었다. 그러나 A.S가 근본적으로 돈이 되는 것은 아니어서 유지비가 문제였다. 오죽하면 '그동안 내가 설치한 곳 모두 망하면 얼마나 좋을까?' 하는 마음을 가졌을까? 그러다 보니 3억 원이 넘는 빚을 지게 되었고 근무하던 10여 명의 직원들이 모두 떠났다. 혼자서 그 많은 일을 감당하기란 쉽지가 않았다.

그러나 어쩌랴. 고객들은 내 사정을 알 수도 없을 뿐더러 이해할 필요도 없었기 때문에 연락하지 않을 이유가 없었다. 매일 돈도 안되는 A.S 전화를 받고 현장으로 출동하는 것은 곤욕이었다. 그러나 부도가 났다고 고객에게 선의의 피해를 줘서는 안된다는 생각이 들었다. 그것이 그간의 견디기 힘든 시간을 버티게 해주었다. 그 일을 겪으면서 필자는 이 고난의 터널을 지나간다면 다시는 A.S가 발생하는 사업은 하지 않겠다고 각오했다.

그렇게 시간이 흘러 점차 정신적·물질적 회복을 되찾자 새로운 직업을 찾아야 할 시기가 도래했다. 자녀들은 성장하고 가진 돈은 없고 나이를 먹어 돈을 벌 수 있는 시간이 얼마 남지 않았다는 생각이 들었다. 물질적으로 회복을 하려면 어떤 직업을 선택해야 하나 많은 고민이 되었다. 그 나이와 경력에 어떤 선택을 하기란 그리 녹록치 않은 일이었다.

종착역은 결국 영업으로 귀착되었다. 이 나이에 공부를 해서 공무원이 된다는 것도 어렵고 부도를 낸 상황이라 자영업도 불가능해 운신의 폭이 매우 제한적일 수밖에 없었기 때문이었다. 직장생활을 해서 그 돈을 다 갚는다는 것은 불가능하게 여겨져 아예 생각조차 하지 않았다. 일단 영업을 내 직업으로 정하자 힘이 나기 시작했다.

그런데 막상 영업을 하려니 그 종류가 너무 다양했다. 정수기, 다단계, 자동차, 화장품, 의류, 건강식품, 보험영업 등 셀 수도 없을 만큼의 다양한 영업 직군이 내 앞에 놓였다. 그때 선정기준으로 잡은 것은 자본금이 한 푼도 소요되지 않고, 두 번째는 평생 부도나지 않고도 할 수 있으며, 세 번째는 누구도 의식하지 않고 노력한 만큼 연봉을 받을 수 있으며, 네 번째는 나중에 직접 영업을 하지 않아도 계속 수익을 올릴 수 있으며 계속 공부를 할 수 있어야 한다는 것이었다.

그렇게 한 가지 한 가지 체크해가다 보니 남는 것이 서너 가지였다. 그리고 그중 가장 힘들다는 보험영업을 최종으로 선택했다. 가장 어려운 만큼 가장 보상이 컸기 때문이었다. 보험영업은 나의 선택기준을 충족시키기에 충분했다. 나이나 성별, 학력을 보지 않고 능력만 있다면 대기업에서 근무할 수 있는 것이 보험영업 이외에는 없었다.

이제 남은 것은 생명보험과 손해보험 중에서 선택하는 일이었다. 생보사와 손보사를 구체적으로 비교하기만 하면 되었다. 그러나 보험의 "보"자도 모르는 사람이 생각할 수 있는 것은 그저 느낌밖엔 없었다. 지금은 다르지만 그때는 생명보험은 여성 중심이었다. 그에 반해 손해보험은 자동차보험이나 화재보험 등으로 인하여 남성 중심이었다. 조금은 강렬하고 적극적일 것이라는 생각에 이쪽에 더 많은 점수를 준 것 같다.

그 결과 지금의 내 모습은 어떠한가? 절망의 터널을 지나 그 많던 빚을 청산하고, 설계사들을 고용해 자체 사무실을 운영하고 있으며, 이 책을 쓸 여유까지 생겼다. 이 모든 것이 보험영업을 선택한 후 얻게 된 것들이다. 계약만 하면 될 뿐이고 보상이나 모든 사후관리는 보험사에서 다 해주니 이보다 편한 것이 어디 있단 말인가? 보험사가 잘못하면 고객의 이름으로 당당히 따질 수도 있고 말이다.

이것이 바로 내가 찾던 영업이었다. 현재는 불완전 판매로 인한 민원을 사전에 방지하고자 완전판매 모니터링까지 보험회사나 관련 단체에서 해주니 이보다 더 멋진 직업이 또 어디 있는가? 그래서 필자는 보험영업은 지구상에서 가장 멋진 직업이라고 말한다. 당신이 생각하기에는 어떤가?

밤에 남산에 올라가 보면 건물마다 쏟아져 나오는 수많은 불빛이 도심을 가득 채우고 있는 것을 볼 수가 있다. 그때마다 불빛을 발하는 저 건물 하나만 가지고 있어도 평생 먹고 살 수 있겠다고 생각하곤 한다. 그리고 보험영업이 그것을 이룰 수 있도록 해주리라 믿고 있다.

　이처럼 무궁무진한 기회를 잡은 당신은 어떤가? 그 멋진 직업의 참맛을 모르고 있지는 않은가? 그 참맛을 느끼기 위해서는 우선 주인이 되어야 한다. 당신도 이제 당신 인생의 참된 주인공이 되어야 하지 않겠는가?

## 03 보험영업은 플라시보 효과가 작용한다

보험영업을 처음 시작했을 때 주위에서 어떤 말을 많이 듣게 되는지 설계사들에게 설문조사를 한 적이 있었다. 다음과 같은 내용이 주된 내용이었다.

첫 번째는 "그 어려운 것을 왜 하느냐?"는 것이었다. 그러다 보니 대다수의 설계사들은 시작도 하기 전에 보험이 어렵다고 인식을 한다. 그리고 그 말이 쳐놓은 울타리에 갇혀 세상에서 가장 쉬운 보험영업을 가장 어려운 직업으로 생각한다. 재미있는 일도 오래하기 어려운 법인데 처음부터 어렵다는 말을 반복해서 들으면서 그 일을 한다면 과연 순탄할까? 그렇지 않을 것이다.

의사들은 환자를 치료할 때 경우에 따라 실제 약과 모양이 같은 가짜 약을 처방한다고 한다. 그 의사는 환자가 약을 먹지 않아도 나을 수 있다는 것을 알지만 심리적인 치료 차원에서 그런 처방을 내린다는 것이다. 이를 의학적 용어로 플라시보 효과$^{Placebo}$

Effect라고 한다. 즉, 믿는 대로 이루어진다는 것이다.

필자가 교육을 할 때마다 빠뜨리지 않고 하는 말이 있다. 그것은 바로 "보험은 지구상에서 가장 쉬운 직업이다"라는 말이다. 실제로도 그렇지만 애당초 어렵다는 생각을 처음부터 없애기 위해 사용하는 방법이다. 어렵다고 위안을 하면 그 다음은 걷잡을 수 없을 만큼 어렵다는 생각으로만 진화하게 마련이다. 그러다 조금이라도 힘들면 '보험영업은 힘든 것이니까' 라며 언제든지 현실도피를 하거나 자기 정당화를 하게 된다. 이를 사전에 차단하고자 필자는 이런 말을 한다.

그러나 세상에 쉬운 일과 어려운 일이 어디 있겠는가? 쉽고 어렵다는 기준은 각자 마음에 따라 다를 뿐이다. 필자의 사무실에서 보험영업을 처음 시작하는 분들은 어느 누구도 보험이 어렵다고 말하는 사람이 없다. 똑같은 영업을 하면서도 필자와 함께 일하는 설계사들은 영업이 쉽다고 하고 타사의 설계사들은 어렵다고 한다. 과연 그 이유는 무엇일까? 그 이유는 처음부터 세상에서 가장 쉬운 직업이라고 배웠기 때문이다.

그런 분들이 올리는 실적은 다른 회사의 경력 설계사들과 비교가 안된다. 실적 그래프를 비교해보면 놀랍기까지 하다. 그렇다면 보험영업에 대한 경험이 별로 없는데도 그들이 이런 실적을 올리는 비결은 과연 무엇일까? 나중에 다시 언급하겠지만 그 대답은 체계화된 교육과 동기부여 덕분이라고 할 수 있다.

그와 반대로 시작할 때 어렵다는 말에 세뇌를 당한 채 보험영업을 시작하는 경우를 가정해 보자. 거절을 당한다면 "보험영업이 원래 그런 것이기에 어쩔 수 없지", 실적이 없으면 "보험영업은 원래 힘든 것이니까 그래도 이것은 잘하는 것이야"와 같이 스스로를 합리화시키기에 급급할 것이다. 그것만이 보험영업의 전부가 아닌데도 말이다.

두 번째로 많이 듣는 말이 "주위 사람에게 민폐 좀 끼치겠구나"이다. 이 말은 가만히 들여다보면 큰 의미가 없는 말처럼 들릴지 모른다. 하지만 조금만 더 깊이 생각해보면 사전에 자기에게 접근하려는 것을 차단하려는 마음이 깔려있다. 보험영업을 하는 입장에서 본다면 보험영업이 왜 주위 사람에게 민폐를 끼치는 직업인지 궁금하다. 그렇다면 대한민국 가정의 97% 이상이 한 개 이상의 보험에 가입한 것을 어떻게 설명할 것인가?

보험사는 매년 어마어마한 금액의 보험금을 지급조건에 맞춰 보험 가입자에게 지급하고 있다. 오히려 보험 지급액으로 매년 적자를 내는 보험사도 있다고 하지 않는가? 만약 보험설계사가 강제로라도 권하지 않았다면 그들이 어려움에 직면했을 때 과연 어떤 방법으로 대체할 수 있었겠는가? 만약의 사고에 대해 목돈을 마련해놓고 준비하는 사람이 있을까?

아직까지 우리나라 사람들이 스스로 보험회사를 찾아 가입하는 경우는 그리 많지 않다. 그런 현실에서 설계사들이 보험에 가입하라고 강권이라도 하지 않는다면 한 가정에 닥칠 고통은 상상하고도 남는다. 만약 가정에 사고가 발생했는데 아는 설계사가 있었다면 과연 그 설계사에게 뭐라고 했을까? 보험을 하면서 한 번쯤이라도 보험에 가입하라고 말하지 그랬냐고 했을까? 아니면 민폐 좀 끼치지 말고 부담 좀 주지 말라고 했을까?

고객들은 보험에 가입할 때는 무슨 큰 권력을 가진 것처럼 생색내며 큰소리를 치지만 그 혜택을 받을 때는 내 돈 내고 받는 것이니 당연하다고 여긴다. 그러고는 보험가입을 권한 설계사에겐 별로 고마워하지 않는다. 보험 설계사는 주위 사람들이 말하는 것처럼 결코 민폐를 끼치는 사람이 아니다.

세 번째는 "열심히 해라. 하지만 우리 집 형편상 들어줄 수가 없구나"나 "이미 들어서 더 들 필요가 없는데 어떻게 하냐?"라는 말이라고 한다. 그리고 네 번째는 "돈 많이 벌어서 맛있는 것 좀 사라" 등이 주류를 이룬다고 한다. 그 중에 어떤 사람들은 "보험영업이 어렵다고는 하지만 네 적성에 아주 잘 맞는 것 같고 너는 특히 잘할 수 있을 것이다"나 "열심히 배워 평생직업으로 삼아라", "내가 많은 도움은 못되어도 소개는 시켜주마"와 같이 긍정적인 위로의 말을 하는 사람도 의외로 많다고 한다.

과거 자신의 경험을 한 번 곱씹어 보라. 보험을 모를 때 자신에게 찾아온 설계사들에게 어떻게 대했는지를 조심스럽게 생각한다면 뿌린 대로 거둔다는 진리가 새삼스러울 리 없다. 그리고 좀 더 넉넉한 마음으로 고객들의 뜻을 받아들이고 대처한다면 무엇도 그리 서운하지 않을 것이다.

매번 강조하지만 보험영업에서 가장 두려운 것은 자기 자신이고 보험이 어렵다고 생각되는 이유는 처음부터 자기 자신의 도피처를 이미 만들어 두었기 때문이다. 당신이 하고 있는 보험영업은 지구상에서 가장 보람된 직업이다. 세상에서 가장 보람된 직업을 인식의 차이로 세상에서 가장 어려운 직업으로 만들지 않기 바란다.

사람의 인식은 그 사람의 마음먹기에 따라 언제든 변하게 마련이다. 플라시보 효과처럼 약이 아닌 것을 약으로 알고 먹어서 그 병이 치유되는 경우는 흔하디 흔하다. 보험영업도 마찬가지다. 세상에서 가장 쉽고, 가장 보람되고, 가장 보상이 큰 직업이라고 생각한다면 어찌 내 몸속에서 신바람이 나지 않겠는가? 그 신바람에 취해 일한다면 그 다음에 뒤따르는 것이 바로 성과다. 이것이 우리네 인생의 진리다.

## 04 보험영업은 사탕보다 달콤하다

　당신은 보험영업을 하면서 가슴 깊은 곳에서 우러나오는 참맛을 느껴본 적이 있는가? 필자가 느꼈던 그 맛을 글로 표현해본다면 '어느 직업에서도 느낄 수 없는 깊고도 오묘하며 우아한 맛'이라고 할 것이다. 보험영업은 강한 중독성이 있다. 그래서 하루라도 영업을 안 하면 불안하고 매번 고객을 만날 때면 흥분을 하며 거절하는 고객을 설득하여 계약서에 서명을 받을 때에는 스릴감까지도 느껴진다.

　또한 고객이 사고를 당해 보상을 청구해야 할 때는 그 어느 직업과도 바꿀 수 없는 뿌듯함과 보람이 느껴진다. 필자는 잠을 자다 고객에게 사고가 났다는 전화를 받고 현장으로 달려갈 때는 무슨 전사라도 된 기분이 들었다. 그리고 안절부절하는 고객이 필자를 발견하고는 구세주를 만난 것 같은 표정을 지을 때에는 마치 세상을 모두 구원할 수 있는 신이라도 된 듯 했다.

당신은 보험영업을 맛으로 표현한다면 어떻게 표현하겠는가? 혹시 계약을 많이 하고 돈을 많이 버는 것을 보험의 참맛이라고 생각하는가? 아니면 남을 설득하여 내 고객으로 만드는 것을 보험의 참맛이라고 생각하는가? 마지못해 보험영업을 하거나 하루하루 쓴맛을 느끼며 살아가고 있지는 않은가? 혹은 살기 위해 하는 일일뿐 무슨 맛을 느끼거나 의미를 두지는 않는다고 말을 할 것인가?

그런 사람이 있다면 지금부터는 자그마한 일에 각각의 의미를 주기 바란다. 음식도 맛없는 음식과 맛있는 음식을 먹을 때의 기분이 다르다. 이는 보험영업에 있어서도 마찬가지다. 그것에 어떤 혼이나 의미를 부여하지 않는다면 절대 영업의 맛을 느낄 수 없다. 세상의 모든 것들은 신이 주신 의미와 가치가 있다. 그런 소사小事에 의미와 가치를 두지 않는다면 그 사람의 심장은 굳은 것이다. 살아 있어도 죽은 사람인 것이다.

필자가 보험영업에 종사하는 사람들과 대화를 하다 보면 대다수가 하루하루를 살아가는 데만 집착할 뿐, 그 맛을 느끼고 즐기는 사람은 그리 많지가 않다는 것을 발견하게 된다. 참맛을 느끼며 영업을 하기 보다는 그저 실적만 바라보고 영업을 하다 보니 몇 끼를 굶은 사람이 맛을 느끼지 못하고 음식물을 입 안에 밀어 넣는 것처럼 보이기도 한다.

맛을 안다는 것은 곧 즐긴다는 것을 의미한다. 보험영업이 즐거우면 세상에 보험영업 말고는 보이는 것이 없다. 그렇지 않다면 어떻게 100~200주 동안 지속적으로 계약을 할 수 있겠는가? 아무리 맛있는 음식도 세 끼를 먹으면 물린다. 아무리 실적이 오르는 것에 행복해 한다고 해도 슬럼프는 온다. 하지만 일을 온전히 즐기는 사람에게는 슬럼프도 피해간다.

그러기 위해서는 우선 보험영업을 사랑해야 한다. 무엇이든 사랑하면 많은 관심을 갖게 되고, 그러다 보면 점점 그 깊이를 더하게 된다. 필자도 처음 영업할 때는 새벽 3시 이전에 자본 적이 없을 정도로 많은 시간을 보험영업에만 몰입했었다. 지금도 보험영업을 하는 사람치고 본인보다 더 많은 시간을 할애하는 사람은 그리 많지 않을 것이다.

얼마 전 필자의 교육에 참석한 한 설계사가 보험영업 20년 만에 처음으로 보험영업이 이렇게 재미있는 것인 줄 몰랐다면서 다른 설계사들 앞에서 발표하는 것을 들었다. 과연 그 설계사는 그 시간 동안 왜 재미를 못 느꼈던 것일까? 아마 일상생활이라는 관성에 빠져서 그랬을 것이다. 그리고 그것이 습관이 되어서 그랬을 것이다. 그렇다면 보험영업의 참맛을 느끼려면 어떻게 해야 할까?

첫째 출퇴근을 반드시 해야 한다. 우리네 인생은 항상 시작이 있으면 끝이 있게 마련이다. 이는 일과라고 해서 예외가 될 수 없다. 출퇴근은 직장생활의 기본이다. 사무실에 매일 나오는 사람과 그렇지 않은 사람 사이에 생기는 결과의 차이는 생각보다는 훨씬 크다. 순간순간의 차이는 별로 느낄 수 없을지 모르지만 시간이 흐르면서 그 결과의 차이는 엄청나게 커진다. 물론 영업활동에 있어서도 많은 차이를 가져온다.

출근하는 사람은 다른 동료들에게서 동기유발을 받을 수도 있고 영업을 준비하면서 마음가짐을 다잡을 수도 있다. 마치 연애하러 가는 사람처럼 상대에게 잘 보이기 위해 예쁘게 화장하는 것에 비유할 수 있겠다. 연애할 때 상대를 사로잡기 위해 얼마나 치밀하고, 세세한 준비를 했는지 한 번 생각해보면 그 답이 나올 것이다. 그때는 들끓는 사랑의 감정에 오로지 그 혹은 그녀를 사로잡기 위해 온갖 관심과 신경을 집중하지 않았던가?

둘째 교육에 반드시 참석하라. 매주 영업교육에 나오는 사람과 그렇지 않은 사람 사이에 결과의 차이는 누구나 느낄 수 있다. 어느 날 교육시간에, 지난 6개월 동안 매주 토요일 정기교육에 빠지지 않고 교육에 참석한 사람들과 그렇지 않은 사람들의 실적을 비교해 보여준 적이 있었다. 그 때 규칙적으로 참석한 사람들과 불규칙적으로 참석한 사람들의 결과를 담은 데이터를 공개한 순간 많은 참석자들은 침묵으로 그 결과를 지켜 볼 수밖에 없었다. 그 결과가 다른 사람들의 데이터가 아닌 바로 참석자 본인들의 결과물이었기에 더욱 그러했을 것이다.

교육에 빠지지 않고 참석한 사람들의 결과치가 100이었다고 한다면 불규칙적으로 참석한 사람들은 대부분 50을 넘지 못했다. 그리고 한 번도 참석하지 않았던 사람들은 30 이하로 떨어졌다. 그 이후 100km를 마다 않고 지방에서 서울까지 교육이라면 빠지지 않고 참석하는 설계사가 생겼다. 교육에 참석할 때마다 자동차 기름값과 톨게이트 비용 등 많은 비용과 시간이 소요됐지만 평소보다 실적이 배가되는 것을 보면서 그는 새삼 교육의 중요성을 느꼈다고 했다.

셋째, 기본에 충실하라. 등산을 하다보면 인생의 의미를 되씹게 된다. 한 걸음 한 걸음이 쌓여야만 산 정상에 오를 수 있고, 중간중간 쉬어야만 걸을 수 있기 때문이다. 인생에서 한방의 역전을 꿈꾸는 사람들을 보곤 한다. 하지만 그 한방이 우연의 산물이 아니라 필연의 산물이라는 것을 아는 사람은 정작 별로 없다. 그동안 쌓아온 기본기들이 벌떡 일어나 비로소 그 한방을 불러온다는 진리를 말이다.

보험영업도 등산이나 인생과 같다. 꾸준히 노력하고 준비하는 사람만이 최후의 승전보를 울리게 마련이다. 보험영업에서 최고의 실적을 올리는 이들은 실제로 만나보면 기본기가 충실하다. 그리고 그 충실함 속에서 보험영업의 참맛을 느끼고 살아가는 사람들이다. 수능이 끝나고 나서 최고 점수를 받은 이들의 인터뷰 기사를 보라. 대개가 최고 점수의 비결을 "교과서대로 공부했으며, 하루에 예습과 복습을 꾸준히 했다."라고 말하지 않던가?

매년 각 사들이 발표하는 보험왕들의 인터뷰도 이와는 크게 다르지 않다. "고객을 중심으로, 고객을 꾸준히 관리했다"라고 하지 않던가.

## 05 보험영업은 자부심이 생명이다

    설계사 중에는 가끔 자신의 직업에 자부심을 갖지 못해 남에게 명함을 주는 것을 부끄럽게 여기는 분들이 있다. 설계사가 그렇게 자랑할 만한 직업이 아니라고 느끼기 때문일 것이다. 어려운 시험을 치르는 것이 아닌데다 학력이나 나이나 어떤 제한이 없어서 더욱 그런 것 같다. 필자도 많은 설계사들과 상담을 했지만 처음부터 이 직업을 좋아해서 시작한 사람은 그리 많지 않았다.

    첫 직업으로 보험영업을 시작한 사람은 아마 5%도 안 될 것이다. 대부분은 다른 직업을 거쳤거나 어려움이 닥쳐 시작을 했거나 가정주부로 생활을 하다 시험만 봐달라는 부탁에 못 이겨 얼떨결에 시작했을 것이다. 그렇게 봤을 때 직업의식이 없거나 자신감이 없는 것은 어쩌면 당연하다.

    이와 함께 고객들이 느끼는 설계사에 대한 이미지도 한몫을 한다. 설계사는 부탁을 한다는 인식이 깔려있다. 그래서 명함을 내미는 것만으로도 뭔가 부탁하는 것으로 비춰지지 않을까 염려해 명함을 내밀지 못한다. 그렇다면 정말 그런 생각들은 옳은 것일까? 설계사는 누군가에게 항상 부탁을 해야만 하는 그런 존재인 것일까?

필자도 개인적으로 다양한 이력을 거쳐서 현재 보험업계에 종사하고 있다. 과거에는 사업도 했었고 500회 이상을 언론에 오르내린 적도 있었다. KBS 라디오 다큐멘터리에 1시간 동안 특집으로 소개된 적도 있었고 일본 NHK의 촬영팀이 입국해 7일간 밀착 취재를 해서 전 세계에 방송된 적도 있었다. 게다가 16대 총선에는 서울 양천갑으로 출마를 준비한 적도 있었다. 그런 필자가 보험영업을 한다고 했을 때 과연 어떤 기분이었을까?

한때는 정치까지 꿈꾸던 사람이 이제는 월 2만 원짜리 보험 하나를 받으러 지방까지 간다. 보험영업에 대한 자부심이 없으면 불가능한 일이다. 노무현 전 대통령도 총선에서 떨어졌을 때는 손해보험 대리점을 했다고 하지 않던가. 부도 이후 필자가 이 직업에 뛰어들 수 있었던 것도 자신감과 소신이 없었다면 아마 불가능했을 것이다. 직업에 대한 소명의식과 미래에 최고로 선망 받는 직업이라는 인식이 필자를 지금 이 곳에 서게 한 요인일 게다.

당신은 누군가를 만났을 때 명함을 자신있게 내미는가? 누군가에게 자신있게 명함을 내민다는 것은 그 직업에 대한 자신감과 소명의식의 표현이다. 필자는 아직도 명함을 명함수첩에 넣지 않고 와이셔츠 왼쪽 주머니에 넣고 다닌다. 격식이 필요할 때는 명함수첩에서 꺼내 드리지만 대개는 상대방이 부담을 갖지 않도록 편하게 와이셔츠 주머니에서 꺼내 드린다. 그리고 여분으로 양쪽 호주머니와 뒷주머니 지갑에도 넣고 다닌다.

만약 자신의 직업이 부끄럽다면 과연 무슨 목표가 있을 것이며 무슨 재미로 보험영업을 즐길 수가 있겠는가? 필자는 사람을 만날 때마다 보험영업에 대해 자부심을 가지고 이야기한다. 보험영업은 직업으로서 결코 부끄럽지 않은 성스러운 직업이기 때문이다. 보험이 아니고서 어려움과 사고에 처했을 때 구원을 해주는 것이 어디 또 있단 말인가?

따라서 보험설계사라면 자신감과 확신을 가지고 보험가입을 의뢰한 수천 명의 사람들에게 나라는 존재를 의식하도록 해야 한다. 평소 우편물, e메일, 전화로 고객을 관리해 무슨 일이 생기면 자신을 찾도록 해야 한다. 그들에게 무슨 일이 생기면 당신은 그들에게 보험금을 대신 청구해줄 권리와 의무가 있기 때문이다.

보험은 고객에게 질병이나 사고가 생겼을 때 경제적·정신적 도움을 주는 직업이다. 따라서 사명감과 자존감은 필수이다. 지금도 "사"자가 들어가는 직업이 촉망받고 있는 것은 사실이다. 하지만 필자는 그런 직업에 비해 보험영업을 더 높이 평가한다. 최소한 자기모순에 빠지지 않기 때문이다.

보험은 직업상 고객들에게 부디 아무 일도 생기지 않기를 기도할 수 있는 직업이다. 그들에게 무슨 일이 생긴다면 그들을 물심양면으로 도울 수 있는 직업이기도 하다. 이제부터는 누구를 만나든 먼저 명함 주는 것을 부끄러워하거나 두려워하지 말라. 보험영업은 세월이 갈수록 그 가치가 점점 더 빛나는 직업이다. 그리고 보험은 정말 가치있고 보람된 직업이다.

이제는 만나는 사람에게 자신 있게 명함을 건네라. 하루에 100장 정도는 건네라. "뿌린 대로 거둔다"는 말은 결코 거짓이 아니다. 수 없이 건넨 명함 중에 어떤 것이 당신의 미래를 책임질 지 모른다. 사람과 사람이 만나는 인연이란 그저 한 순간의 것이 아니다. 그 순간을 영원으로 이끌 수 있기 바란다.

이 책을 쓰면서 다시 한 번 돌아보아도 보험영업은 여전히 보람되며 가치 있는 직업이다. 옛 어른들은 경사는 가지 않아도 조사는 가라는 말을 하셨다. 경사는 기쁜 일이기 때문에 가서 축하를 해주지 않더라도 별로 서운하거나 외롭지 않지만 조사는 그렇지 않다. 보험은 그런 의미에서 조사에 참석하는 것이라 하겠다.

## 06 보험영업은 그만두기가 더 어렵다

어떤 직업을 갖고 있다가 그 직업을 그만둘 것을 생각하면 그 후의 결과를 생각하게 마련이다. 대개의 직업은 그만둔다 해도 큰 어려움이 없다. 회사를 바꾸거나 보직만 바꾸면 되기 때문에 그 일이 그 일이다. 그러나 전문직나 특수한 직업은 그렇지 않다. 누구에게 피해를 줘서가 아니라 경력에 따른 일정한 사회적인 책임이 존재하기 때문이다. 이는 인간관계에 있어 만나기는 쉬워도 헤어지기는 어려운 것과 같다.

이처럼 직업 중에도 어렵게 시작했지만 너무도 쉽게 끝내도 되는 직업이 있는가 하면 어떤 직업은 쉽게 시작했지만 쉽게 끝낼 수 없는 직업도 있다. 그중 보험영업이 바로 후자에 속한다. 물론 아무 개념 없이 내 맘대로 그리고 이기적으로 살아간다면 이 자체도 의미가 없겠지만 말이다.

보험영업은 앞에서도 말했듯이 처음에는 어떤 직업적 소명이나 책임의식이 없이 얼떨결에 시작하거나 "시험 한 번만 보라"는 지인의 요청을 거절하지 못해서 따라갔다가 시작하는 경우가 대부분이다. 본인 의지와는 상관없이 시작하는 경우가 많은 것이다. 그러고 나서 시험에 합격하고 신입사원 교육을 받으면 사람들은 희망을 품는다.

그리고 그 때부터는 자신이 그린 미래의 청사진에 이끌려 부자가 되는 꿈을 꾸게 된다. 그러나 그렇게 시작한 영업도 하다보면 만만치 않다. 맨 처음 교육할 때 느꼈던 동기유발 효과까지 떨어지기 시작하면 하루하루가 그렇게 힘겨울 수 없다. 그리고 어느 순간, 포기하고 싶은 생각이 굴뚝같아진다.

그러나 막상 영업을 그만두고 싶어도 그동안 뿌려놓은 것이 많기 때문에 결코 쉽지 않다. 그동안 뿌려놓은 일들로 인해 주위 사람들을 의식하지 않을 수 없다. 보험회사는 설계사가 제출한 보증보험으로 향후에 발생할 수 있는 환수건에 대해 별 걱정을 하지 않지만 떠나는 설계사는 개운치 않은 뒷모습이 남는다. 영업할 때 "평생을 함께 하겠다"고 약속했던 그 말의 뒷정리가 이어져야 하는 것이다.

이는 단지 상품을 팔고 그것으로 그 동안 생활적인 영위를 해왔던 것에 대해 고객에게 감사하라는 말이 아니다. 자신이 판매한 상품에 대해 고객에게 사후처리와 깨끗한 마무리를 해야 한다는 것을 말한다. 고객은 설계사를 믿고 계약을 했는데, 그 설계사가 그만두어 버리면 낙동강 오리알이 되었다는 느낌을 지울 수 없다.

그러면 고객은 "당신이라서 상품을 구매했는데 그만두면 나는 어쩌란 말이냐"라고 항의를 할지도 모른다. 그렇게 되면 그 고객을 다시 볼 면목이 서지 않는다. 그리고 향후 다른 업종으로 이직을 해도 이에 대한 께름칙한 여운은 지워지지 않는다. 이것이 다른 직종과 보험영업의 또 다른 차이점이라고 할 수 있다.

사실 설계사와 고객은 그저 상품을 사고파는 관계 이상의 의미를 가지고 있다. 하나의 상품을 사고파는 관계에 있어서 대개의 영업은 그 상품을 팔면 끝이다. 하지만 보험영업에 있어서는 그 판매가 또 다른 시작이다. 보험영업이 시작은 쉽지만, 끝내기 어려운 이유가 바로 여기에 있다. 하나의 상품이 그저 상품 이상의 의미를 지니고 있다는 것이 이 분야의 매력이자, 어려움인 것이다.

어떤 직업이든 그 직업 나름의 소명과 책임이 존재한다. 그 소명의 가치와 책임의 크기는 어쩌면 그 직업을 선택한 사람의 몫일 수도 있다. 하지만 필자가 보험업에 종사하면서 느낀 것은 그 소명이 대단히 가치 있고 책임이 크다는 것이었다. 그리고 그 소명과 책임이 크면 클수록 그 설계사의 성과도 좋다는 것은 비단 필자만 파악한 것이었을까?

"돈을 쫓으면 돈은 도망간다"는 말이 있다. 그래서 부자들은 돈을 쫓지 않고 돈을 기다린다고 한다. 강태공이 세월을 낚듯 그들은 돈을 쫓지 않고 돈을 낚기 위해 기다릴 줄 아는 미덕을 지녔다. 모든 일에는 선과 후라는 것이 있다. 세속적인 것에 대한 욕망이 앞서면 그것은 결코 마음만 앞설 뿐 결코 얻을 수 없다는 것을 많은 선인들은 그들의 책에서 알려주고 있다. 그래서 마인드 컨트롤이 중요하다고 말하는지 모른다.

필자는 TV 프로그램에 등장하는 장인들을 보면서 많은 것을 느끼게 된다. 큰돈이 벌리지 않는데도 3대가 한 분야에 몰두하는 모습을 보고 있노라면 감동이 심장을 두드리고 그들의 혼이 내게 스미는 듯하다. 그리고 그들의 입에서 공통적으로 등장하는 말들은 더욱 진한 감동을 전한다. 그들의 입에서 나오는 말이 다름 아닌 소명과 책임의식이다.

그렇게 본다면 평생을 할 수 있는 직업을 선택하는 것은 대단한 축복이다. 어떤 일을 하건 10년을 하면 그 분야에 전문가가 될 수 있다고 한다. 이는 보험에 있어서도 마찬가지다. 고객에게 감동을 전하고, 혼이 스밀 수 있는 그런 설계사가 많아지기를 필자는 희망한다. 물론 그렇게 되려면 보험영업이 평생의 마지막 직업이라고 생각하고 목숨을 걸어야 한다.

경영 컨설팅을 하는 사람들은 현대를 브랜드의 시대라고 말한다. 그래서 기업과 상품의 가치를 평가하는 기준으로 브랜드 파워를 들먹인다. 그리고 그 브랜드 파워가 얼마만큼의 가치를 가지고 있는지 금액으로 환산해 이를 발표하기도 한다. 그렇다면 개인에게는 이런 브랜드 파워라는 것이 존재하지 않는 것일까?

개인에게도 이는 존재한다. 매년 초만 되면 우리는 전년도 최고의 보험 수입료를 기록했던 보험왕의 인터뷰 기사를 접하곤 한다. 그런데 필자는 이것을 보면서 재미있는 것을 발견했다. 대개의 보험회사에 수천에서 수만 명씩 설계사가 존재하지만, 보험왕에 오르는 이들의 얼굴이 크게 바뀌지 않는다는 것이었다. 작년도 보험왕에 올랐던 이가 올해도 오르고, 몇 년씩 보험왕을 차지하는 것을 보게 된 것이다.

도대체 왜 이런 일이 일어나는 것일까? 모두들 열심히 한다는 이 분야에서 왜 유독 몇몇의 사람만이 그 자리를 독식하는 것일까? 그리고 그 해답은 무엇일까? 그 답이 바로 브랜드 파워에 있었다. 그들은 회사를 탓하기 전에 먼저 자신의 상품가치를 높이기 위해 일했다. 그리고 매년 보험왕에 등극해서 많은 돈을 벌었음에도 불구하고 그들은 회사를 그만두거나 전업을 하지 않는다. 그들이 지닌 소명의식과 책임감 때문이었다.

이제는 회사를 탓하기 전에 먼저 소명의식과 책임감을 가지고 자신의 상품가치를 만들기 바란다. 떠나는 사람에게 소명의식과 책임감은 존재치 않는다. 그리고 그들은 패자라는 것을 자인하는 것에 지나지 않는다. 바로 지금, 이 자리에서 승자를 향한 힘찬 걸음을 내딛기를 바란다.

## 07 보험영업에서 교육은 필요충분조건이다

　대다수의 사람들은 보험영업이라고 하면 가장 먼저 '교육'을 떠올린다. 보험회사가 그런 지속적인 교육을 하였기에 이만큼 성장했다는 것은 부인하기 힘들 것이다. 그러나 속사정을 들여다보면 '과연 교육의 힘으로만 가능했을까? 하는 의구심도 생긴다.
　초기의 보험시장은 영업교육보다는 증원수당이나 실적수당과 같은 각종 당근책을 통하여 인원을 충원하고 관리했다. 생명보험이 주류였던 초기에는 종신보험 등 상품의 단순성이 영업교육의 진화를 더디게 했던 것도 분명하다.
　하지만 지금은 생명보험사와 손해보험사 간에 서로 이해해야 할 내용이 많아 설계사들도 전문적인 교육을 받지 않으면 안 되는 시점에 이르렀다. 과거와 달리 이제는 내 회사의 상품만이 아니라 다른 보험사의 상품내용까지도 알지 못하면, 실전에서 더 이상 다른 사람과 경쟁할 수 없는 상황에 이른 것이다.

그렇다면 앞으로는 어떨까? 미래의 영업환경은 상품지식을 전달하는 교육보다는 실전영업을 중심으로 한 교육으로 변화될 수밖에 없을 것이다. 그것은 우리가 당면한 현실이다. 그동안 안면을 통한 영업은 항상 대량 민원으로 이어질 수밖에 없었다. 그래서 보험회사는 완전판매 우선주의가 아니라 매출 우선주의에 머무를 수밖에 없었다. 실적 위주의 방침이 만들어낸 결과였다.

그렇다면 보험시장의 급격한 변화 속에서 설계사들을 위해 보험사들이 준비한 실전영업 교육은 어느 정도 수준일까? 커튼을 열고 보험사 내부를 들여다보면 아직도 많은 보험사가 특별한 준비를 하고 있지 않는 모습이다. 기껏해야 1년에 3, 4회 정도 상품교육을 겸한 교육이 전부다.

그렇다면 1년 365일 중에 그 정도 교육만으로 영업사원이 과연 제대로 버틸 수 있을까? 그 정도로는 턱없이 부족하다는 것이 많은 설계사들과 대화를 나누면서 필자가 얻은 결론이다. 부족한 교육은 회사에게도 치명적인 결과로 되돌아오게 마련이다. 많은 돈을 투자하여 만들어진 한 명의 설계사가 10년도 안 되서 떠난다거나 불완전 판매로 회사가 입는 간접적 피해는 돈으로 환산하면 상상을 초월한다.

이 모든 것은 체계적인 교육의 부재에서 오는 결과이다. 보험회사는 능력 있는 실전 강사들을 활용하여 설계사가 용기백배 하도록 하기보다는 공채로 들어온 사원들을 대부분 활용한다. 현장 경험이 부족한 그들이 실전에서 영업하는 백전노장의 설계사들을 대한다면 많은 부분에서 한계가 생기게 마련이다. 순환보직에 따라 영업교육 부서로 발령을 받은 그들이 할 수 있는 방법이라곤 선배들의 강의를 옆에서 듣거나 또는 교안에 따른 교육방법에 의존할 수밖에 없다.

현장 경험이 부족한 강사들이 기존 교재를 재구성하여 이렇게 하면 더 좋은 방법일 것이라는 이론적 사고로 나아가다 보니 현장에서 발생하는 교육과의 괴리감으로 설계사들은 더 큰 절망감을 맛보게 된다. 마치 다단계 기업의 교육과정과 비슷한 모습이 되는 것이다. 그러니 교육을 받을 때는 다 될 것 같지만 교육장 문을 나서는 순간 절망감으로 변하게 되는 최면효과에 빠지는 것이다.

초보 설계사가 발령을 받아 영업소나 지점으로 가서 일할 때도 이는 마찬가지다. 여기서도 영업교육을 해줄 사람이 없다. 교육을 한다 해도 현장경험이 없는 점포장이 할 수 있는 교육이란 게 당장의 실적을 위한 상품교육 밖에는 없다. 실전영업 교육보다는 한 명이라도 더 증원을 하는 것이 지점장들이 승진을 하는 데 유리하기 때문이다.

이처럼 설계사들에게 필요한 전문강사 확보나 실전영업 교육 등에는 매우 미미하게 대처하고 있는 것이 지금의 현실이다. 기존 설계사들은 실전 영업 교육을 배울 곳이 거의 없는 것이다. 이 땅에서 보험의 역사가 100년이 다 돼가고 연간 매출 실적이 수십조 원이 넘지만 보험설계사를 위한 실전영업 교재를 만나는 것도 의외로 어렵다.

　필자의 사무실에는 보험회사로 바로 가지 않고 이곳에서 처음 보험영업을 배우는 사람들이 있다. 처음에는 보험용어도 모른 채 실무를 익히며 시험 준비를 한다. 출근은 물론 기본이며 가능하면 사무실에서 동료들이 하는 말을 들으며 배우도록 하고 있다. 그런데 재미있는 것은 그렇게 두 달만 지나면 보험경력 10년이 넘는 설계사들이 그들에게 보험을 배운다는 것이다. 다시 말해 철저하게 기본을 가르치고 매일 한 시간 이상씩 교육을 하기에 생명보험이든 손해보험이든 누구와 대화를 해도 절대 뒤지지 않는다.

　그리고 나서 3개월 정도면 그들의 수입이 보통 몇 백만 원을 훌쩍 넘게 된다. 그들을 보면서 필자는 정성을 들여서 짠 교육 프로그램의 중요성을 깨달았다. 그들은 기본기가 뛰어날 뿐만 아니라, 열정도 남다르다. 게다가 성과와 유지율도 매우 좋으며 1:1 증권 MRI분석 등으로 부쩍부쩍 최고가 되어간다. 이런 모습을 볼 때마다 필자는 흐뭇한 미소를 감출 수가 없다. 그리고 교육을 하는 사명감을 예서 찾게 된다. 선순환의 고리를 가지게 되는 것이다.

　이처럼 보험영업은 교육이 전부라 해도 과언이 아니다. 보험회사에 있어 새로운 설계사의 영입은 물론 중요하다. 하지만 궁극적인 목표가 완전판매를 통한 매출증가라는 것을 상기한다면 설계사들에게 최선의 그리고 최적의 교육환경을 제공할 의무가 있다. 앞으로 만들어질 보험판매 주식회사나 법인 대리점들도 마찬가지다. 설계사들에게 최상의 컨디션을 제공하기 위한 환경을 조성하는 데 소홀함이 없어야 할 것이다. 교육은 선투자에 해당한다. 투자를 하지 않고 이익을 바랄 수는 없지 않은가?

설계사들도 마찬가지다. 교육이 무슨 의미가 있느냐고, 교육의 무용론에 대해 이야기하는 설계사들을 필자는 가끔 만나곤 한다. 영업에는 정석이 없다면서 자신만의 방식으로 판매를 하면 된다는 생각을 하는 것이다. 교육할 시간에 영업을 뛰겠다지만, 그들이 그렇다고 영업 실적에서 뛰어난 성과를 올리는 것도 아니다.

왜 그런 것일까? 교육을 그저 하나의 관례로 여겨서이다. 하지만 학교 다닐 때를 생각해보라. 수업을 듣지 않고 공부한 이들의 성적이 좋게 나오던가? 공부를 못하던 이들이 오히려 학원을 열심히 다니고 다른 것에 몰두하지 않았던가? 교육은 단지 그 방법적 툴만을 지향하지는 않는다. 동기부여와 마인드, 그리고 방법적 툴의 3박자가 어우러져야 진정한 효과를 발휘한다. 이 3박자의 완결성에 초점을 맞춰 스스로 교육장을 찾아다니고, 배우는 것은 실제적인 성과로 연결될 가능성이 대단히 높다.

우리는 평생 교육을 받고, 배우며 살아야 한다. 세상에 내가 아는 것이 전부라고 생각하는 사람은 사실은 아무 것도 모르고 있는 사람이거나 일부를 전부인 것처럼 아는 사람인 경우가 많다. 그 부족함을 알고 항상 채우려는 사람이야 말로 정말 많은 것을 아는 사람이다.

# 08 보험영업은 창의적·반복적인 작업이다

사람들에게 가장 쉬운 직업을 꼽으라면 대개가 단순하고 반복적인 작업을 하는 직업을 꼽는다. 단순하고 반복적인 일에는 특별한 어려움이나 창의성과 같은 것이 요구되지 않는다는 생각 때문이다. 그러나 정말 반복적인 작업이 그저 쉬운 것일까?

보험영업도 다른 직업에 비해 비교적 단순한 편이다. 많은 것을 알아야만 하는 것도 아니고 상해(재해)나 질병, 후유장애 등 기본적인 몇 가지만 알아도 바로 영업을 할 수 있기 때문이다. 그런데 많은 사람들은 그 몇 가지조차 알려 하지 않는다. 그리고는 어렵다고 이야기한다.

보험영업의 프로세스는 다음과 같다. 우선 상품에 대한 지식을 익혀 이를 판매할 수 있는 가망고객을 개발한다. 그리고 그 가망고객을 만나 설득을 해서 계약서에 서명을 하게 한다. 그런 후에는 소개를 받아 지속적으로 가망고객을 넓혀간다. 물론 고객에게 재해나 상해와 같은 위기상황이 닥치면 사후처리를 해주는 것도 필요하다. 이처럼 보험은 단순하다.

그러나 보험영업이 어렵다는 것은 역으로 보면 어제나 오늘, 내일에도 큰 변화가 없어서이다. 단순하고 반복된 생활과 활동은 변화를 필요로 하지 않는다고 착각하기 쉽다. 그것은 설계사에게 있어서 독이다. 모든 것들이 급변하는 현대사회에서 변화는 선택이 아닌 필수이기 때문이다. 그런데 반복적인 생활과 활동은 그러한 변화에 커다란 제약적 요소로 작용한다.

변화를 이야기할 때 대표적인 예로 드는 것이 가마솥의 개구리다. 가령, 개구리를 가마솥에 넣고 불을 지피면 그 개구리가 가만히 그 안에 있는 것을 볼 수 있다. 그러나 결국 그 개구리는 죽는다. 왜 죽는 것일까? 펄펄 끓는 물이라면 개구리는 아마 놀라서 뛰쳐나올 것이다. 하지만 개구리를 넣어놓고 천천히 불을 지피면 그 개구리는 온도의 상승에 몸을 맡기다가 결국 그 안에서 죽는다.

이는 급격한 변화는 민감하게 대응할 수 있지만, 천천히 진행되는 변화는 대개 인지할 수 없거나 큰 느낌으로 다가오지 않는다는 것을 의미한다. 그래서 사람들은 이러한 작은 변화를 간과하곤 한다. 개구리가 천천히 죽어가는 것과 같이 치명적인 결과를 올 수 있음에도 전혀 눈치를 채지 못하는 것이다.

이는 영업에서도 마찬가지다. 영업을 하는 사람 중에는 일상적이거나 큰 변화가 없어 그저 하루하루를 넘기는 데 애태우는 사람도 있다. 그래서 필자는 이 분야에서 일하면서 겪은 영업인들을 대체로 20:80으로 나눈다. 20%의 성과가 높은 사람들과 80%의 성과가 낮은 사람들이 그것이다. 필자가 본 성과가 높은 20%의 사람들은 대개 아주 열심히 자신만의 패턴을 가지고 생활을 하는 사람들이었다. 반복적인 업무인데도 불구하고, 이에 싫증을 느끼지 않고 성과가 성과를 가져오는 것이 그들의 성공 방식이었다.

그러나 80%의 사람들은 달랐다. 그들은 단순한 업무에 싫증을 느끼거나, 집중을 하지 못하는 사람들이 대부분이었다. 물론 그 중에는 열심히 하지만 성과가 나오지 않는 경우도 있긴 했지만, 대개는 다람쥐 쳇바퀴 돌듯 반복적인 업무의 사슬에서 벗어나기 위해 안달이 난 사람처럼 여겨지는 것은 어쩔 수 없었다.

이런 사람들을 교육으로 변화시키는 데는 한계가 있다. 현실에 안주하는 데 익숙해져 있기 때문이다. 교육은 기본적으로 한 인간을 다른 형태의 인간으로 변화시키는 데 그 목적이 있다. 즉, 현실에서 탈피하여 새로운 인간형으로 거듭나게 하는 것이다. 그리고 그 전제조건이 바로 변화다. 스스로 변화의 필요성을 못 느끼는 사람을 변화시키는 것만큼 세상에 어려운 것은 없다.

그런데 더 큰 문제는 그런 사람들은 변화를 아주 적극적으로 거부한다는 것이다. 그렇게 되면 교육에 들어가는 비용과 시간이 효용을 발휘하기는 커녕 그저 소비가 되고 만다. 하나 안하나 별로 소용이 없는 요식적 행위가 되고 마는 것이다. 그렇다면 이러한 반복적인 일상에서 벗어나 변화를 꾀하도록 하는 방법은 없는 것일까? 이때 필요한 것이 절실함과 열정이다.

자본주의 사회에서 모든 사람은 돈과 뗄레야 뗄 수 없는 상관관계를 가지고 살아간다. 특히 보험영업의 특성상 성과와 돈은 직접적인 연관성을 가진다. 이때 절실함을 불러오는 매개체가 바로 보상이다. 대개 보험영업에 뛰어든 이들은 노력한 만큼 받을 수 있다는 확신으로 이 일을 시작한다. 이를 간절함으로 바꿀 수 있는 것은 그들이 처한 환경과 교육이다.

그러나 누구도 간섭을 하거나 관리를 하지 않는다. 그 업무의 성격도 자영업에 가깝다. 그래서 뛰는 만큼 벌 수 있다는 것은 오히려 대단히 큰 함정을 가지고 있다. 안 뛰어도 그만인 사람은 크게 불편함을 느끼지 않기 때문이다. 단지 적게 받을 뿐이다. 문제는 여기서 발생한다. 사람은 대개 주위 환경에 맞춰가는 데 아주 익숙해지거나 길들여지면 거기서 벗어나는 데 훨씬 많은 수고와 노력을 필요로 하게 된다.

절실함은 바로 이러한 틀을 깨는 데 있어 아주 효과적인 치료제가 된다. 가령, 내 가족의 행복을 위해서 내가 얼마를 필요로 한다고 가정해보자. 아마 가족을 사랑하는 사람이라면 이를 위해서 무슨 짓이든 하려고 들 것이다. 창조는 필요의 산물이라는 말을 들어본 적이 있을 것이다. 여기서 필요는 절실함의 다른 말이다. 그것이 필요하다는 절실함이 만들어 낸 것이 바로 창조인 것이다. 따라서 자신에게 스스로 자문을 해볼 필요가 있다. 이 일이 나에게 얼마나 절실하고 내가 하는 일이 우리 가족에게 얼마나 절실한지 말이다.

그러고 나서 자신의 열정을 거기에 쏟아야 한다. 노력을 이기는 것은 아무 것도 없다는 말이 있다. 그러나 필자는 오히려 열정을 이기는 것은 아무 것도 없다고 말하고 싶다. 열정은 노력을 불러오는 선결적 요소이기 때문이다. 성공한 CEO들의 특징을 조사한 한 여론조사에 의하면 그들의 아주 중요한 공통점 중의 하나가 '일에 대한 열정'이었다고 한다. 수많은 가시덤불을 헤치며 끊임없이 앞으로 나아가게 한 그들의 원동력이 다름 아닌 열정이었던 것이다.

항상 반복된 영업활동에서 자신을 한 번 돌아보자. 나는 반복에 익숙해지지는 않았는지, 혹은 그러한 반복의 쇠사슬에 얽매여 있지는 않은지 말이다. 만일 그렇다고 생각된다면, 지금 당장 변화를 선택하라. 그 변화는 일상의 활력을 가져다 줄뿐만 아니라, 미래의 화려한 무지개를 보여줄 것이다.

The highest peak of sales is the insurance sales!

# chap 02

# 영업달인은 1%가 다르다

01 자신만의 길을 개척하고 만든다
02 활동일지는 반드시 쓴다
03 준비는 영업의 어머니다
04 상품과 고객에 대한 지식으로 움직인다
05 분명하고 현실적인 목표로 나아간다
06 장기적인 비전에 따라 움직인다
07 영업에 미쳐 일을 즐긴다
08 통계에서 답을 찾고, 통계대로 움직인다

The highest peak of sales is the insurance sales!

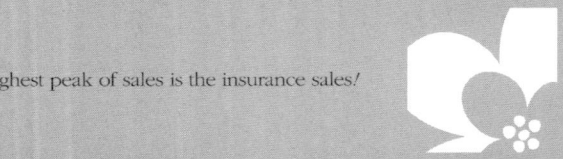

## 01
## 자신만의 길을
## 개척하고 만든다

대부분의 영업이 그렇지만 보험영업이 주는 매력 중 하나는 정답이 없다는 것이다. 골프나 수영 등 대부분의 스포츠는 일정한 규칙이 있기에 잘하려면 그 방법을 쫓아할 수밖에 없다. 그래서 훈련과정과 규칙을 중요시한다. 그러나 보험영업은 다르다. 어떤 방법이든 자신만의 방법으로 많은 계약을 하면 된다.

그 예로 어떤 사람은 소개 영업만 전문으로 하는 사람이 있는가 하면 어떤 사람은 개척을 전문으로 하는 사람이 있으며, 어떤 사람은 관공서만을 집중 공략하는 사람이 있고, 어떤 사람은 골프를 치면서 영업하는 사람이 있다. 하물며 어떤 설계사는 밤마다 노래방에 가서 도우미들 계약만 받아오는 사람도 있다.

한 번은 노래방 도우미만 공략하여 계약을 하는 사람을 만나 대화를 나눈 적이 있었다. 그는 좋아하는 노래도 할 수 있고 보험계약도 받을 수 있어 매우 행복하다고 했다. 일석이조라며 노래방에 가서 돈을 쓰는 것이 아니라 돈을 번다는 것을 매우 자랑스럽게 여기고 있었다. 필자는 그것을 보면서 영업이란 자신만의 방법이 있다는 것을 깨달았다.

좋은 영업방법이란 영업을 어떻게 하느냐가 아니라 체계적이면서도 지속적인 즉, 슬럼프가 오지 않도록 하는 것이다. 그러나 처음 시작할 때부터 차별화된 전략을 가지고 영업을 시작하는 사람은 그리 많지 않다. 물론 개인적으로 많은 영업계획을 가질 수는 있겠지만 그것을 실천하기엔 일정한 시간이 필요하기 때문이다.

대개의 보험영업은 기본적인 지식과 방법만을 가르쳐 줄뿐 나머지는 혼자서 자신만의 방법으로 꾸려가야 한다. 보험회사가 설계사에 맞춰 영업에 대한 컨설팅을 해줄 수도 있지만 현실적인 상황으로 볼 때 이는 거의 불가능하다. 따라서 스스로가 오래도록 생존할 수 있는 자구책을 마련해야 한다.

당신은 눈이 내린 뒤 그 위에 첫 발자국을 남겨본 적이 있는가? 그 때 뽀드득하는 소리와 자신만이 남겨놓은 발자국을 돌아볼 때의 뿌듯함이란 이루 말할 수 없을 정도다. 영업도 마찬가지다. 영업을 잘했던 사람들은 눈 위에 첫 발자국을 남기는 것처럼 신기원을 이룩한 이들이다. 과연 어떤 분야에서 자신만의 신기원을 이룩할 수 있겠는가? 영업이기에 가능하다.

그리고 그러한 신기원을 이룩한 이들은 하나의 전설이 된다. "그들의 영업은 어떠했다더라"는 이야기가 꼬리에 꼬리를 물고 끊임없이 회자되기 때문이다. 부디 이 책을 읽는 당신도 그렇게 회자되기를 바란다.

　필자가 만나본 성공한 영업인들 중에는 자신만의 길을 걸어간 이들이 많았다. 어떤 영업인은 작은 것은 성에 차지 않는다며 규모가 큰 화재보험이나 단체보험만을 전문으로 하는 이들도 있었다. 그리고 어떤 설계사는 청과물시장이나 수산시장 등 특정 지역을 대상으로 영업을 하는 설계사들도 있었다. 그들은 은행에 갈 시간조차 없는 사람들에게 처음에는 각종 심부름을 대신 해주고 신뢰를 쌓아가면서 매일 납입하는 방법을 통해 평생을 함께 하는 경우도 있었다.

　또 어떤 설계사는 환경미화원만을 대상으로 영업을 하기도 했다. 환경미화원들은 새벽에 나가서 오후 3시경에 퇴근하기 때문에 그들이 단체로 모여 식사할 불과 5분 내의 시간에 영업을 해 최고의 성과를 올리기도 했다. 그리고 어떤 이들은 의사나 변호사와 같은 전문직만을 대상으로 하기도 했고, 어떤 설계사는 연예인만을 대상으로 영업을 하기도 했다. 이처럼 영업의 대상과 방법이 제각각이었으며 성과 또한 제각기 달랐다. 당신은 지금 어떤 대상을 상대로 어떤 영업을 하고 있는가?

　이처럼 영업에는 정도가 없다고 하지만, 꼭 그렇지 않은 경우도 있다. 대개 영업을 하다보면 말을 잘하는 설계사가 영업도 잘 할 것이라 생각한다. 그러나 고객은 말을 잘하는 것보다는 성실한 설계사를 원하는 경우가 더 많다. 실제로 영업을 잘하는 설계사를 보면 말을 잘하는 사람보다는 주위에서 성실하다고 인정하는 사람의 실적이 더 좋게 나타난다.

고객의 입장에서 본다면 한순간의 화법보다는 고객과 설계사의 꾸준한 신뢰가 더 중요하다.

친분이 있다고 혹은 계약을 체결했다고 소홀하게 대하는 순간 그 고객은 그것을 즉시 알아차린다. 영업은 농사와 같다. 씨를 뿌리고, 이를 신실히 관리하면 그만큼의 보상으로 돌아온다. 발로 뛴 만큼 그리고 준비한 만큼 결과를 얻는 것이다.

많은 이들이 영업엔 정답이 없다고들 말한다. 맞는 말이다. 하지만 정답이 없음에도 불구하고 정답은 있다. 그 정답은 '열심히 부지런히 성실하게' 이다. 그리고 최고의 성과를 올리는 이들은 그것을 몸소 실천하고 습관이 되도록 길들인 사람들이다. 보험은 영업의 특성상 한때 잘 나갈 수 있다. 큰 건 한 번만 잡으면 가능하기 때문이다.

그러나 지속적으로 잘 나갈 수 있는 것은 결코 쉽지 않다. 그러기 위해서는 해박한 상품지식과 끊임없는 인맥관리, 그리고 뛰어난 실전화술과 완벽한 사후관리를 동반해야 한다. 즉, 아주 탄탄한 기본기와 상황별 적응능력이 담보되어야 하는 것이다. 최고의 영예란 그냥 한 순간에 주어지는 것이 아니다. 떨어지는 물이 바위를 뚫는 지고지순의 일념이 그 영예를 가져다준다.

## 02 활동일지는 반드시 쓴다

　초등학교 때 가장 번거롭고 힘든 방학숙제를 꼽으라면 필자는 주저하지 않고 일기를 꼽는다. 사실 그때는 일기쓰기가 왜 그렇게 중요한지 알지 못했다. 필자도 여느 학생들처럼 하루에 한 달가량의 일기를 모두 썼었다. 그래서 먹고 자는 내용만 적었던 기억이 난다. 그러나 사회생활을 하면서 쓰기의 중요성을 깨닫게 되었다. 그리고 그것은 초등학교 때 적었던 일기의 연속이라는 것은 알게 되었다.

　학창시절 공부를 잘했던 친구들은 공통적으로 쓰기를 잘하는 친구들이었다. 그들은 수업시간에도 남들보다 뛰어난 필기로 선생님이 시험 예상문제 등을 가르쳐 줄때 빠짐없이 기록했고 그 결과 시험 때마다 좋은 성적을 유지하곤 했었다. 이제 와서 생각해보면 그 습관이 사회생활을 하면서도 여전히 유효하다는 것을 깨닫게 된다.

영업에서도 마찬가지다. 일반적으로 영업을 잘하는 사람들의 공통점은 쓰기와 기록을 중요시하는 사람들이다. 그러나 영업을 잘 못하는 사람들은 메모도 별로 하지 않고 즉흥적으로 실행한다. 그러니 계획이나 실천이 뒤따를 리 없다. 가령, 세계적인 기업 P&G는 메모를 통해 의사전달과 의사결정을 하고, 이것이 인사고과에까지 반영된다고 한다. 쓰기가 안 되면 승진조차 할 수 없다고 하니 그들이 얼마나 이를 중요시하는지 알 수 있다.

필자도 교육을 할 때마다 영업활동을 기록하는 활동일지를 적으라고 항상 강조하곤 한다. 그렇게 강조를 하건만 여전히 이의 필요성과 방법을 귀찮아하는 사람이 여전히 많은 것은 왜일까. 성공학의 대가 브라이언 트레이시도 쓰기의 중요성을 강조하곤 했다. 자신의 비전과 바람을 써서 이를 입으로 되뇌이라고 하지 않았던가. 쓰기가 그만큼 중요하다고 판단했기 때문일 것이다.

사실 쓴다는 행위는 그저 쓰기에 국한되지 않는다. 쓴다는 행위는 사고를 정리하고, 이를 통해 행동을 불러오며, 다시금 자신의 행동을 반추하도록 만든다. 그리고 이것을 지속적으로 실천했을 때 다른 사람들과의 현격한 차이를 가져온다. 학교 다닐 때 예습과 복습의 중요성에 비교된다 하겠다.

그렇다면 탁월한 성과를 올리는 이들은 활동일지에 무엇을 기록할까? 이는 다음과 같다.

1. 언제, 어디서 누구를 만났고 만날 것인가?

2. 지금까지 그 사람과 몇 번 만났는가?
3. 이달에는 새로운 사람을 몇 명이나 만났는가?
4. 그 사람들의 이름은 무엇인가?
5. 처음 만났을 때 그 사람의 복장은 어땠는가?
6. 몇 분간 무엇에 대해 대화를 나눴는가?
7. 상담 시 같이 한 사람이 있었는가?
8. 상담을 평가한다면 몇 %라고 생각하는가?
9. 다음에 언제 만나기로 했는가?
10. 신상정보나 증권은 받았는가?
11. 청약서는 지급했는가?

필자는 사실 활동일지만 잘 정리해도 영업을 별로 걱정하지 않아도 된다고 믿는 사람 중의 하나다. 영업을 떠나 비단 무슨 일을 하든지 그 일에서 성공하고 싶다면 체계적인 방법을 유지하는 것은 필수이다. 그래서 필자는 보험영업을 처음 배우러 온 설계사나, 경력이 있는 설계사들이 자문을 구할 때마다 먼저 활동일지를 쓰라고 권한다.

그런데 재미있는 것이 있다. 기존에 이 일을 해왔던 경력이 있는 설계사들은 이전 습관을 버리지 못한 채 활동일지를 쓰는 사람이 1%에 불과하다는 것이다. 하지만 새로 온 설계사들은 95% 이상이 처음부터 배운 대로 활동일지를 작성한다. 그 성과를 비교해보면 새로 온 설계사들의 매출이 경력자들에 비해 몇 배나 더 많게 나타난다. 그 차이가 활동일지 때문이라고 필자는 확신한다.

활동일지는 여기에 그치지 않고 이후에도 많은 데이터를 만들어낸다. 그중 하나가 바로 정확한 통계를 제공한다는 것이다. 현재 진행 중인 가망고객을 정확하게 알 수 있으며 각 개인별로 몇 번이나 찾아 갔는지 또는 언제 방문을 해야 하는지 등을 수시로 확인할 수 있고 영업 일정을 잡는데도 그보다 더 정확한 자료가 있을 수 없다.

필자의 사무실에는 보험영업을 하기 전에 대형 공사현장의 전기공사 감독관으로 일하다 설계사가 된 분이 있다. 해외로 이민을 준비하다 우연히 보험영업을 시작하게 되어서 보험에 대해서는 아는 것이 전혀 없는 분이었다. 키도 크고 성격도 시원스러웠지만 새롭게 시작하는 일임에도 불구하고 매사 긍정적이었고 교육시간을 한 번도 거르지 않고 가르치면 가르치는 대로 잘 따랐다.

그 결과 입사 첫 번째 달은 월납 보험료로 73만 원 정도를 계약하더니 두 번째 달에는 무려 374만 원이라는 금액으로 마감을 했다. 그리고 지속적으로 금액이 늘어났다. 그래서 필자가 그 비결을 물었다. 그랬더니 활동일지 덕분이었다고 말하는 것이 아닌가. 체계적인 활동과 판단의 기초 데이터가 거기에서 나온다는 것이었다.

활동일지는 습관이 되지 않거나 처음에 작성할 때는 상당히 불편하다. 그러나 습관이 되면 당신에게 거대한 데이터와 통계를 제시하고 고객을 관리하는 데 있어서도 유용할 뿐 아니라 자신의 활동에 체계성까지 부여해준다. 그래서 영업성과가 높은 이들은 활동일지를 반드시 작성한다. 만일 당신이 좀 더 나은 설계사가 되기를 원한다면 활동일지를 반드시 써야 할 것이다.

## 03 준비는 영업의 어머니다

쉬운 만큼 어렵다는 역설적인 말도 있지만 어쨌든 보험영업은 대단히 매력 있는 직업이다. 하지만 그에 걸맞게 많은 준비를 해야 하는 것도 보험영업이다. 그래야만 영업의 현장에서 승리할 수 있는 특화된 직업이기 때문이다. 그렇다고 서둘러서는 안 된다. 아무런 준비도 하지 않고 고객을 찾아가 빠른 시간 내에 계약을 받아내는 신기록 작성을 목표로 한다면 고객도 쉽게 거절하기 때문이다. 보험영업을 평생직업으로 삼았다면 급할 것이 뭐 있겠는가?

그러나 최선을 다해 준비하는 자세는 필요하다. 또한 고객이나 이외에 다른 사람에게 눈길을 돌리지 못하도록 만들어야 한다. 그렇다고 고객을 옭아매라는 의미는 아니다. 오히려 그 고객에게 보험을 받지 못해도 전혀 상관이 없다는 대담한 모습을 보여야 한다. 그저 '시간이 지나면 언젠가는 내 고객이 되겠지' 라고 생각하며 일단은 가망고객으로 만들면 된다.

수확할 시간이 5년이 될지 10년이 될지 알 수 없어 불안할 수도 있다. 그러나 설계사의 평균 근속년수나 고객들의 보험유지율을 감안한다면 예정된 것보다 더 빠른 시일 내에 그 고객이 내 고객으로 바뀌게 된다. 그러니 미리 가망고객을 넓게 확보하라. 보험영업에도 규모의 경제가 적용된다. 당장은 아니더라도 많은 곳에 가망고객을 만들어 놓으면 당장 한두 명이 거절해도 표가 나지 않는다. 이처럼 보험영업은 너른 땅에 농사를 짓듯 해야 한다.

필자는 고객을 처음 만나 계약을 할 때까지 보험에 관해서는 많은 이야기를 나누지 않는 편이다. 오히려 보험 이외의 화젯거리를 가지고 대화를 많이 한다. 고객이 보험에 관한 질문을 먼저 하도록 유도하는 것이다. 내가 먼저 서두르면 선택권이 고객에게 돌아가기 때문이다. 그러나 고객이 먼저 보험 이야기를 꺼내면 그 이후는 내 주관대로 끌고 갈 수 있다.

이처럼 기다리는 사람이라면 마음속에 얼마나 많은 준비를 하고 있겠는가? 영업을 하는 사람이라면 언제 어디서든지 전투를 치를 수 있는 완벽한 준비성과 고객의 심리를 거스르지 않는 스펀지 같은 포용력으로 고객을 제압할 수 있어야 한다. 내면적인 준비를 한 사람이 고객을 재촉하는 사람보다 고객에게 계약을 받아내는 데 더 짧은 시간이 걸린다.

필자는 아직까지 단 한 번도 내 맘대로 설계를 해본 적이 없다. 그 이유는 언제나 고객이 가입할 수 있는 최고의 담보로만 설계를 해왔기 때문이다. 필자는 그저 보장담보에 대한 설명만 해줄 뿐 가입의 선택 여부는 철저하게 고객에게 맡긴다. 그리고 나서 계약에 대한 사전준비만 하는 것이 아니라 사후준비까지도 한다.

보험영업은 계약 전이나 계약 후나 둘다 중요하다. 그래서 언제나 사전, 사후로 나눠 철저하게 준비해야 한다. 계약이 발생하면 계약 전보다 더 많은 문자와 연락을 취하며 관심을 보여야 한다. 그리고 교차판매 같은 다음 계약으로 유도해야 한다. 나를 믿고 양식장 안에 들어온 고객이기에 먹이도 잘 주고 살찌도록 해야 하는 것이다.

그래야 산란을 해서 황금알을 낳는 거위가 되어 나를 더욱 풍요롭게 만든다. 그렇다고 이것이 단지 상품을 구매해서 나를 풍요롭게 만드는 것만을 의미하지는 않는다. 그것을 넘어서 나의 분신이 되어 나를 세일즈하고 다른 고객을 소개해주는 입소문 마케팅의 진원지로 발전시키는 단계까지를 의미하는 것이다.

당신은 정작 자신은 작은 노력조차 하지 않으면서 자식들에게는 공부하라고 큰 소리를 치는 사람을 본 적이 있을 것이다. 혹은 별로 노력을 하지 않으면서 자신이 연봉 1억 정도는 받을 만한 가치가 있다고 말하는 사람을 보기도 할 것이다. 그리고 자신은 책 한권 읽지 않으면서 자신의 자식에게는 많은 책을 사주는 부모를 본 적도 있을 것이다.

이는 영업에서도 마찬가지다. 정작 준비하지도 않고 고객을 만나는 사람은 성급함을 드러내게 마련이다. 영업에서 하수들이 드러내는 전형이 바로 그것이다. 그들에게는 계약 이외의 것은 아무 것도 생각하지 않기 때문에 발톱을 쉽사리 드러낸다. 그렇게 발톱을 드러낸다고 해서 먹이가 그렇게 쉽사리 잡히겠는가?

필자가 즐겨보는 방송 중에 〈동물의 왕국〉이라는 방송 프로그램이 있다. 그 프로그램에서 맹수들이 먹이를 포획하기 위해 준비하는 모습을 보면서 감탄을 금할 수 없었다. 그들은 아주 은밀히 접근해서 자신의 정체를 전혀 드러내지 않는다. 그리고 그때는 결코 발톱을 보이지도 않는다. 철저한 준비를 해서 근거리로 접근한 후 그들은 결정적인 순간 날카로운 발톱을 드러내 포획을 한다.

물론 고객을 포획물에 비유할 의도는 결코 아니다. 하지만 세상의 이치란 게 다 그렇듯 고객을 사로잡는 방식도 이와 비슷하다. 단지 동물의 세계에서는 자신을 드러내지 않고 다가서고, 영업은 호감을 주면서 접근한다는 차이점이 있을 뿐이다. 준비해서 나쁠 것은 아무 것도 없다. 학교 다닐 때 예습을 해본 사람은 알 것이다.

영업을 함에 있어 만날 사람에 대한 사전조사와 나눌 이야기, 관심사, 그리고 물어볼 이야기와 상황별 대응책 등을 미리 파악하고 준비해간다면 그 사람과 나눌 수 있는 이야기가 얼마나 많겠는가? 그리고 상대는 얼마나 친근감을 느끼겠는가? 그리고 상황별로 얼마나 적절히 대응할 수 있겠는가?

가령, 개척영업을 하기 위해 준비한다고 해보자. 인사를 하고 들어가서 그들의 차가운 시선이나 무뚝뚝한 대답에 대해 대응해 나갈 준비를 사전에 한다면 실제 상황에서는 얼마나 유연하게 이에 대처해나갈 수 있겠는가? 이미 그러한 반응들을 예측했기에 별로 당황하지도 쭈뼛거리지도 않을 것이다. 그리고 자신의 시나리오대로 그들과 대면할 것이다. 이 얼마나 성공확률을 높이는 활동인가.

창조는 발명의 어머니라고 했던가? 그에 빗대어 '준비는 영업의 어머니'라고 필자는 말하고 싶다. 필자는 프로와 아마추어의 차이점을 이렇게 말하곤 한다. 프로는 스스로를 만족시키고 남도 만족시키면서 많은 수익을 얻지만 아마추어는 어느 누구도 만족시키지 못하며 적은 수입을 얻는다고. 그러나 또 하나의 차이점이 있다. 프로는 준비도 잘하고 영업도 잘하지만, 아마추어는 준비도 안하고 영업도 잘 못한다.

당신은 고객을 만나기 전에 많은 준비를 하고 고객을 만나는가? 자신의 준비성을 체크해볼 일이다.

## 04 상품과 고객에 대한 지식으로 움직인다

　설계사 입장에서 볼 때 고객을 위한 완벽한 준비란 무엇을 의미하는 것일까? 그것은 보험에 관한 지식을 가능한 한 많이 습득하고 부족한 부분은 보충하는 것을 의미한다. 내가 판매하고 있는 상품조차 제대로 알지 못한 채 고객에게 보험가입을 강요한다면 그것은 분명 잘못된 일이다.
　고객 입장에서는 매달 만 원이라도 10년 이상 보험료를 내야 한다. 그런데 동일한 보험료로 다른 보험상품보다 담보가 부족하다면 얼마나 화가 나겠는가? 물론 설계사는 이런저런 말로 변명을 하겠지만 그렇다고 보장내용이 바뀌는 것은 아니다. 보험은 설계사의 말이 아니라 보험증권에 기재된 약관대로만 보장하기 때문이다.
　설계사들이 어떤 물건을 사고자 한다고 가정해보자. 만약 파는 사람이 자기의 이익만을 염두에 두고 판매했다는 것을 안다면 과연 어떤 반응을 보일 것인가? 물론 최근에는 그러한 것들을 사전에 차단할 수 있도록 같은 상품을 비교하여 가장 저렴한 가격을 안내하는 비교 사이트까지 생겼으니 정보의 공유가 충분히 가능해진 세상이다.

보험에 가입하는 고객은 대개 설계사를 믿고 가입을 한다. 그런데 그 설계사가 정작 판매상품을 완벽하게 숙지하지도 못하고 판매하거나 고객에게 가장 적합한 보험상품을 권하지 못한다면 어떻겠는가? 예를 들어, 어느 고객의 가족 중에 뇌경색으로 쓰러진 사람이 있다고 가정해 보자. 그때 자신이 속한 보험사에는 뇌경색이나 뇌졸중에 대한 담보가 없고 뇌출혈 담보만 있다면 A라는 설계사는 고객에게 어떻게 가입을 권해야 할까?

아마도 보험계약을 받을 욕심에 뇌경색 등은 별 것 아니고 뇌출혈 담보만으로도 충분하다고 말하는 설계사도 있을 것이다. 혹은 상품을 잘 파악하지 못해 뇌질환으로 인한 것은 뭐든지 다 보장되니까 걱정하지 말라는 설계사도 있을 것이다. 그러고 나서 고객이 서명을 하면 그 책임은 고객에게 고스란히 넘어간다. 추후 민원이 발생할 여지를 남겨놓은 것이다.

그런데 실제로 고객에게 뇌경색이 발생하면 어떻게 할 것인가? 여러 곳에 보험을 가입했다면 모르지만 이 한 가지 보험에만 가입했다면 수습하기 어려운 상황에 빠질 것이다. 이처럼 설계사는 내가 속한 회사가 보장하는 담보내용이 타사보다 부족할 지라도 최소한 뇌졸중, 뇌출혈, 뇌경색, 뇌혈관질환이 뭔지는 알고 상품의 차이를 분석해가며 고객에게 권해야 하는 것이다.

설계사는 무슨 일이 있어도 자신을 믿는 고객의 신의를 저버려서는 안 된다. 자신이 속한 회사의 상품보다 그 고객에게 더 적합한 상품이 있다면 다른 보험사 상품이라도 추천할 줄 알아야 한다. 그것이 진정한 프로 설계사가 할 일이며 고객을 진심으로 사랑하는 사람이 할 수 있는 일이다.

또한 고객에 대해서도 충분한 지식을 쌓아야만 한다. 지피지기면 백전백승이란 말도 있지 않은가? 단지 '고객이 이 정도 금액이면 가입할거야' 라는 판단으로 고객에게 접근해서는 안 된다. 고객은 일반적인 상품을 살 때처럼 보험상품을 계약할 때도 금액적인 측면을 강조한다. 하지만 보험이 주는 위급한 상황에서의 가치를 무시한 채 단순히 고객이 원하는 금액 안에서만 설계를 한다면 결코 바람직한 설계가 될 수 없다.

설계사 입장에서는 물론 그것이 가장 손쉬운 방법일 수는 있다. 그러나 그것은 매우 잘못된 일이다. 설계사는 고객이 가입하고자 하는 보장담보와 그 고객의 생활수준에 맞는 적절한 금액을 산정할 수 있어야 한다. 그런 것이 아니라면 굳이 무엇하러 설계사에게 부탁을 하겠는가?

필자는 주변의 설계사들이 비싸게 설계하면 고객이 거절할까봐 보험이 주는 가치를 외면한 채 임의적으로 설계하는 모습을 보면서 안타까운 적이 한두 번이 아니었다. 그러나 이것이 정작 조삼모사라는 것을 알게 된다면 고객은 어떠한 판단을 하게 될까? 그리고 정작 그들에게 위급한 상황이 발생했을 때 그들이 느끼는 박탈감은 어떻게 설명할 수 있을까?

따라서 설계사는 그 계약을 받지 못할지언정 그 고객의 상황에 맞춰 현재 가입이 가능한 최고의 보장담보를 안내해야 하고 필요 없는 담보는 고객이 직접 제외할 수 있도록 도와줘야 한다. 그것만이 자신과 고객이 살 길이다. 얄팍한 상술은 그리 오래 가지 않아 금방 드러나게 마련이다. 그것이 드러났을 때 낯 뜨거운 얼굴을 하고 어떻게 고객을 대할 수 있겠는가?

앞에서도 언급했지만 필자는 보험을 시작한 이후, 단 한 번도 임의대로 설계를 해본 적이 없다. 대개는 노트북을 가지고 고객을 방문하지만 노트북이 없을 때에는 고객이 가입할 수 있는 최고의 보장조건으로 설계를 하여 방문한다. 그리고 고객에게 상세히 설명한 후 고객이 필요한 담보를 스스로 선택하도록 한다. 고객 스스로 직접 설계하고 보험료도 자기 마음대로 조정하도록 하는 것이다.

그렇게 하면 고객이나 설계사 모두 후회하는 일이 없다. 그리고 그런 계약은 고객 본인이 직접 설계를 했기에 믿음도 강하고 유지율 또한 매우 높다. 당연히 민원이 발생할 가능성도 거의 존재하지 않는다. 그리고 그런 고객은 자기의 경험을 자랑스럽게 생각해 소개도 많이 하게 된다. 이처럼 보험영업을 하기 위해선 고객을 완벽하게 통제할 수 있는 힘을 길러야 한다. 그 힘은 바로 완벽한 상품지식의 습득을 통해서만 가능하다.

그러기 위해서는 내가 속한 보험사의 상품은 물론 다른 보험사 상품들의 장·단점까지 파악해야 한다. 가령, 한 예로 횟집을 운영하는 사람이 화재보험을 요청했다고 가정해보자. 어느 보험사는 화재보험을 포함하여 음식물의 배상책임을 포함한 곳이 있는가 하면 어느 보험사는 단순 화재보험에는 가입할 수 있지만 음식물의 배상책임은 거절하는 보험사도 있다.

그때 음식물의 배상책임에 가입할 수 없는 보험사를 당신이 다니고 있다면 그 고객에게 어떻게 대답하겠는가? "원래 횟집은 비브리오 패혈증과 같은 것들이 자주 발생하므로 음식물의 배상책임은 안 됩니다. 그러니 그냥 화재보험에만 가입하세요"라며 자신에게 계약을 하도록 요구할 것인가? 아니면 "화재보험은 저희 회사에 가입할 수 있지만 음식물의 배상책임은 불가능하므로 이것까지 가입할 수 있는 다른 보험사에 가입하시는 것이 더 유리합니다"라고 말할 것인가?

첫 번째 내용의 결과를 알게 되었을 때와 두 번째 내용의 결과를 알게 되었을 때 고객이 설계사에게 느끼는 감정은 분명 다를 것이다. 보험상품은 점차 고객의 요구에 따라 다양해지고 있다. 이렇게 다양해지는 상품에 대한 지식은 끊임없는 학습을 통해서만 갈고 닦아진다. 영업의 세계에서 최고의 실적을 올렸던 이들을 만나보라. 그들은 자사 상품에 대한 해박한 지식뿐만 아니라 타사의 상품까지 비교가 가능한 이들이다. 명불허전 名不虛傳이라 하지 않던가.

## 05 분명하고 현실적인 목표로 나아간다

당신은 인생의 목표가 무엇인가? 그렇다면 영업의 목표는 무엇인가? 단지 월급이 목표인가? 영업하는 사람들에게 목표는 사실 그 사람의 존재 이유이기도 하다. 영업을 하는 사람에게 목표가 없다면, 혹은 있어도 그야말로 소박하다면 그 사람의 존재 가치는 거의 없거나 아주 왜소해질 수밖에 없다.

목표가 없이 멧돼지를 잡는다고 산을 향해 화살을 날리는 것은 누가 봐도 어리석은 일이다. 생각은 기특하지만 그런 방법으로는 아무리 많은 화살을 당겨도 멧돼지를 잡을 수 없다. 어쩌다가 운이 좋아 지나가는 멧돼지가 화살에 맞았다 해도 그 멧돼지가 왜, 어디서, 어디를 맞았는지 찾을 수가 없을 것이다.

그렇다면 가장 쉽고도 어려운 문제 즉, 목표를 세워야 한다는 것을 사람들은 알면서도 왜 실천하지 못할까? 그것은 바로 현실과 이상의 차이 때문이다. 대부분의 사람은 현실적 목표가 아니라 이상적 기대감에 취해 살아간다. 실행이 아니라 상상만 하는 것이다. 그러다 보니 현실에서 이를 행동으로 실천하려고 하면 두려움이 앞서게 된다.

그러나 목표설정이란 인간만이 가지고 있는 고유의 영역이며 창조주가 인간에게 허락한 특권이다. 그렇다면 이렇게 목표를 설정하고 나아가기 위해서는 어떻게 해야 할까?

하루에 한 건의 계약을 목표로 이를 실천하기 위해 노력하는 것이다. 굉장히 어려울 것 같지만 하루 한 건의 보험계약을 받는다는 것은 계산상 그리 어려운 것도 아니다. 목표가 있으면 실천을 하면 되고 결과는 자동적으로 따라오기 때문이다.

그러나 대부분의 설계사들은 돈이 들어가는 것이 아님에도 불구하고 그런 계획조차 세우지 않는다. 혹은 세운다고 하더라도 아주 소심하고 겸손한 계획을 세운다. 세웠다고 할 수도 없고 안 해도 안 해도 그만인 그런 계획은 사실 목표라고 할 수 없다. 높은 목표를 세워도 실천하기 어려운데 그런 낮은 목표로 무엇을 할 수 있겠는가?

영업을 하다보면 목표를 세워 실천을 해도 지칠 때가 더 많다. 그럴 때는 다음과 같은 말로 자신을 추스러라. "힘을 내자. 작심삼일을 10번만 하면 한 달이야 못 버티겠는가?"라고 말이다. 마음은 어떻게 먹느냐에 따라 달라진다고 했다. 작심삼일을 열 번 하면 한 달이고, 120번 하면 일 년이다. 그렇게 자신을 세뇌해서 나아가다 보면 어느 새 목표는 눈앞에 다가와 있을 것이다.

지금은 와이셔츠를 직접 다려 입고 출근하지만 필자도 영업 초기에는 아내가 다려준 와이셔츠를 입고 출근을 했었다. 미안한 마음에 아내와 약속하기를 "하루에 한 건이라도 계약을 하지 못하면 집에 들어오지 않겠다"고 겁없이 스스로 자청하여 약속을 한 적이 있었다. 그래서 무던히 노력하고 목표에 대해 집중했던 기억이 난다. 그때 필자는 무슨 일이 있어도 매일 한 건의 계약을 하려고 최선을 다했고 계약을 못하면 그 다음 날에는 와이셔츠를 갈아입지 않고 출근했었다. 그리고 계약을 한 후에야 비로소 와이셔츠를 갈아입었다.

영업을 하면서 구체적인 목표를 달성하고 싶다면 남은 일은 그저 자신과의 싸움뿐이다. 자신의 목표 달성을 위해 누군가의 도움은 별로 필요하지 않다. 물론 멘토나 코치에게서 부분적인 도움을 받을 수는 있다. 그러나 그들이 제시하는 것은 방향과 방법일 뿐이다. 실천은 오로지 자신의 몫이다.

그러기 위해서는 목표달성을 위한 구체적인 방법을 강구해야 한다. 그 중 하나가 자신의 목표를 많은 사람에게 알리는 것이다. 사람들을 만날 때마다 자신의 목표를 공개하다 보면 우선 그 목표가 자신의 뇌리에서 떠나지 않게 된다. 잊을만하면 주변 사람들이 상기시켜 주기 때문이다. 그리고 그 목표에 대한 책임감이 생겨나게 된다. 그들에게 알린 것만으로도 약속이기 때문이다.

사실 이 방법은 필자가 가장 즐겨 쓰는 방법이면서도 실천하기에 가장 편한 방법이다. 그리고 지금 이 자리에 설 수 있도록 만든 방법이기도 하다. 말이라는 것은 그저 커뮤니케이션의 도구에만 머무는 것이 아니다. 약속이 되기도 하며, 목표의 도구가 되기도 한다.

그리고 항상 상황판을 하루에 두 번씩은 보라. 실적이 별로 좋지 않을 때는 물론 이것이 자신을 고통스럽게 할 수도 있다. 하지만 외면하지 말고 당당하게 그러면서도 유심히 바라보라. 그 상황판은 단지 실적을 그려놓은 그래프가 아니다. 그것은 목표달성을 위한 노력의 결과이다.

자, 이제 당신의 목표를 머릿속으로 한 번 그려보라. 이는 물론 단기 목표와 장기 목표로 나누어야 할 것이다. 뜬 구름 처럼 실천할 수 없는 원대한 목표만 세워서는 안 된다. 우선 큰 그림을 그려놓고 차근차근 단기 목표를 세우고 실천해나가는 것이 중요하다. 가령, 학교에서 매번 꼴찌를 독차지하던 친구가 1등을 하겠다고 공언했다고 해보라. 실천 가능하다고 생각하는가?

인생은 결코 한 방이 아니다. 한 번에 뒤집히는 그러한 상황들은 드라마에서나 가능한 것이다. 오히려 인생은 등산이나 바둑과 같다. 어느 누가 산을 한 걸음에 오르던가? 인생이라는 산을 오르기 위해서는 딱 한 걸음씩만 내디뎌야 하지 않던가, 그리고 잘못 내디딘 한 걸음이 천 길 낭떠러지로 몰고 가지 않던가.

바둑에서도 마찬가지다. 한 수가 모든 돌들을 살리기도 하고 죽이기도 한다. 그래서 바둑판의 판세를 고려해서 돌을 한 수 한 수를 놓는 것이다. 우리의 인생도 이와 크게 다르지 않다. 인생이라는 큰 판에서 지금 자신은 어떤 수를 두어야 할지 생각해볼 일이다.

## 06 장기적인 비전에 따라 움직인다

 뿌린 대로 거둔다는 말이 있다. 그중 형체는 없으나 씨앗처럼 뿌릴 수 있는 것이 있는데 그것이 바로 비전이다. 사람이 하는 말이나 생각은 세월이 지나면 반드시 그 열매를 맺는다. 바라는 대로 이루어진다는 말은 바로 거기서 나온 것이다. 하지만 당신은 그것을 정녕 믿고 있는가?

 비전을 발표하는 것은 씨앗을 뿌리는 것에 비유할 수 있다. 그리고 시간이 흐르면 그 결과는 반드시 나타난다. 모든 기업은 매년 초, 한해의 목표를 계획하고 발표한다. 때로는 10년 후나 20년 후의 계획을 발표하기도 한다. 그렇다면 왜 굳이 이런 비전을 발표하고, 이를 공유하는 것일까?

 필자는 실전 보험영업에 대해 교육을 할 때 설계사들에게 자신의 매출 계획과 비전을 발표하는 시간을 갖도록 하고 있다. 그때 잘하는 사람과 못하는 사람의 발표내용은 시작부터 다르다는 것을 알게 된다. 어떤 사람은 매월 너무나 소심하게 매출 계획을 발표하는가 하면 어떤 사람은 황당할 정도로 큰 목표를 발표하기도 한다.

그러나 월말에 마감을 끝내고 나서 그들이 발표했던 내용과 현실적인 매출을 비교해보고는 놀라움을 감출 수 없다. 자신이 발표했던 내용과 그리 큰 차이가 없기 때문이다. 가끔 허황된 숫자를 발표하는 사람도 물론 있긴 했지만, 그런 사람은 의외로 소수였다. 그것을 보고 우리가 갖고 있는 꿈이 곧 목표이며 그 목표의 현실이 비전을 발표할 때 이미 반영되어 있었다는 것을 알게 되었다.

어떤 설계사는 하루하루 보험계약만 잘 받으면 되지 바쁜데 비전은 무슨 비전이냐며 타박하던 분이 계셨다. 그러나 오랜 경력을 가졌던 그분은 얼마 후 얼굴을 볼 수 없었다. 그래서 동료들에게 물어보았더니 식당에서 아르바이트를 한다는 소식이 들려왔다.

또 한 푼이라도 수당을 더 주는 곳을 찾아 철새처럼 전전하며 살아가는 설계사도 있었다. 어느 법인에서 자동차 수수료를 더 준다고 하니까 그쪽으로 옮기고 어느 보험사에서 팀장을 시켜준다니까 그쪽으로 옮기고 시시각각 회사가 바뀌었다. 그런데 신기한 것은 그 설계사가 똑똑한 것 같은데도 주머니는 항상 말라 있었다는 점이다. 장기적인 비전이 없이 하루살이처럼 살아가기 때문에 그런 일이 발생하지 않나 싶다.

보험영업을 하면서 필자는 많은 설계사들이 단돈 10원이라도 손해 보는 것을 허락하지 않는 것을 보게 된다. 물론 돈을 벌자고 들어온 것이니 돈에 대한 애착이 대단한 것을 뭐라고 할 수 있겠는가? 하지만 인생에서 항상 손해를 보지 않겠다는 생각은 버리는 것이 좋다. 때로는 조금 손해를 보며 사는 것이 자신에게 유리할 수 있다. 소탐대실이라고 하지 않던가.

필자도 보험영업을 하면서 동시에 여러 가지 비전을 가지고 있다. 매주 2회씩 실시하는 실전 영업 교육에 더 많은 설계사들이 참석하도록 만드는 것과 앞으로 5년 정도만 집중적으로 일하고 나서 이후에는 뒤로 한발 물러나 그동안 쉬지 못한 만큼 푹 쉬는 것이다.

필자는 시골에서 서울로 올라와 억척스럽게 살아왔었다. 그리고 보증금 20만 원에 월세 4만 원으로 신혼살림을 시작했다. IMF 때는 사업이 부도나 3억 원을 빚지고 살기도 했으며 이를 극복하고자 가진 것이 없는 사람이 할 수 있는 최선의 방법을 찾아 보험영업에 뛰어들었다.

아마 이때 내가 비전을 가지고 있지 않았거나 평범한 비전을 가지고 있었다면 지금의 모습은 어떠했을까? 그리고 설계사들에게 영업교육을 처음 시작할 때는 불과 서너 명 정도를 앉혀 놓고 강의를 했지만 1년이 경과하자 참석인원이 40명을 넘어갔다. 지금은 교육시간에 참석하는 분들 중에 굉장히 먼 거리에서 오시는 분들도 많다.

만약 필자가 시작할 때부터 교육에 대한 비전을 가지고 있지 않았다면 지금의 결과는 없었을 것이다. "사람이 그 길을 계획할지라도 그 길을 인도하시는 분은 하나님"이라는 성경구절이 있다. 계획을 하고 실천만 한다면 하나님께서는 그 길로 반드시 데려다 줄 것이라는 믿음이 지금의 모습을 만들지 않았나 싶다.

확고한 비전이 있는 사람과 이야기를 해본 사람은 안다. 그 사람은 눈에서는 열정이 불을 뿜고, 에너지가 넘치며, 행동과 말 하나 하나에 절도가 있다. 그리고 상대로 하여금 그에게 빨려 들어가게 한다. 그 사람이 가진 에너지가 상대에게 전파되어 생생하게 느끼도록 하는 것이다. 그러면 그와 함께 있던 사람까지도 그것에 전염된다.

하지만 확고한 비전이 없는 사람은 어떤가? 그의 눈에서는 피로함이 넘치고, 항상 지쳐 있으며, 행동과 말에 맥이 없다. 그 사람 옆에 가면 내가 가지고 있던 에너지마저도 사그라들어 축축 쳐지게 한다. 에너지를 잡아먹는 블랙홀이 되는 것이다. 그럴 경우 상대는 그를 어떻게 보고 느끼겠는가?

선택은 언제나 당신 스스로에게 달려 있다. 당신은 과연 어떠한 모습으로 살아갈 것인가. 두 갈래의 길에서 생각하는 데 시간이 필요하다고 말한다면 당신은 이미 후자를 선택한 것이다. 비전은 생각할 필요도 없이 명확한 확신에 따라 움직이는 것이기 때문이다. 똥인지 된장인지 아직도 맛을 봐야 한다고 생각하는가? 좋은 것은 생각할 겨를도 없이 선택해야 하는 것이다.

## 07 영업에 미쳐 일을 즐긴다

강의를 할 때마다 필자는 다음과 같이 말하곤 한다. "열심히 하는 사람보다 더 잘하는 사람은 바로 즐기는 사람이다"라고 말이다. 당신은 혹시 보험영업이 즐겁다고 생각해본 적이 있는가? 만약 재미가 없다고 느끼고 있다면 그 이유는 억지로 하기 때문이다. 남들이 봤을 때 아무리 좋은 일도 정작 자신이 재미를 느끼지 못한다면 그 일을 지긋지긋하게 여기게 마련이다.

필자의 영업시간은 월화수목금금금에 아침 9시부터 밤 11시 30분까지다. 주일날 교회에 다녀오는 오후 2시까지를 제외하고는 아직까지 그 틀을 벗어난 적이 없다. 필자도 보험영업이 즐겁지 않았다면 아마 1년 365일을 이렇게 할 수는 없었을 것이다. 보험영업은 강요하는 사람도 없고 하루쯤 쉰다고 누가 뭐라고 할 사람도 없지만 필자가 이럴 수 있었던 근본적인 이유는 영업보다 더 재미있고 즐거운 일을 발견하지 못해서이다.

그런데 그런 필자에게도 한때 부끄러웠던 기억이 있었다. 2004년 11월쯤 서울 시내에 있는 각 구청 환경미화원들을 대상으로 개척영업을 계획했던 때였다. 그때 필자는 개척하고자 하는 마음만 앞섰을 뿐 사전정보가 없어서 어디서부터 시작해야 할지를 몰랐다. 준비도 없이 시작한 것도 문제였지만 막상 현장에서 환경미화원들을 만난다는 것이 어렵다는 것을 그때 처음으로 알았다. 처음부터 너무 쉽게 생각한 것이 문제였던 것이다.

우연히 길에서 청소를 하고 있는 몇 분을 만나 상담을 하려했지만 겨울바람만큼이나 싸늘한 반응에 환경미화원들에 대한 개척영업을 접을까 말까 고민하지 않을 수 없었다. 환경미화원을 대상으로 영업을 하겠다고 소장님과 동료들에게 공표를 했는데 참으로 난감했다.

그래서 우선 담배 한 갑을 사서 길에서 만난 환경미화원에게 드렸다. 다행히도 그분들의 활동시간에 대해 일반적인 이야기를 들을 수 있었다. 출근시간이 보통 새벽 3~4시라는 것, 아침 8시 정도면 막사에 들어가 아침을 먹는다는 것, 식사 후에는 누구나 할 것 없이 한 시간 정도 잠을 청하고는 다시 나가서 일을 한 후 정오에 귀소를 하여 점심을 먹고 오후 3시경에 퇴근을 한다는 것이었다. 업무는 주, 야간으로 나뉘고 이는 서울에 있는 어느 구청이나 별반 다를 것이 없다고 했다. 그리고 각 구청마다 그분들을 통합관리 하는 노조 사무실이 있고 그곳을 통해서 막사를 방문해야 한다는 말도 잊지 않았다.

영업을 하다 보니 막사가 적게는 6~7개부터 많게는 15개가 넘는 곳도 있었다. 궁금한 점들이 대략 해소되고 전략을 펼 수 있다는 자신감이 들자 이제 남은 일은 열심히 도전하는 일만 남았다고 느껴졌다. 그래서 그때부터 그들에게 접근할 수 있는 전략을 함께 병행했다. 맨 처음 생각한 것은 사진기를 준비하는 것이었다. 동일한 복장을 하고 동일한 시간에 밥 먹고 동일하게 잠을 자고 일어나다 보니 다음에 방문하면 누가 누군지 알 수 없었기 때문이었다.

그때부터 만날 때마다 사진을 찍고 특징을 일일이 적으며 고객관리 프로그램에 입력하기 시작했다. 그러고 나서 다음에 갈 때는 그곳 막사에 있는 사람들의 사진을 프린트하여 파일에 넣고는 일부러 이름을 부르며 아는 체를 하기 시작했다. 한 번 보고 자기 이름을 불러주는데 세상에 싫어할 사람이 어디 있겠는가?

두 번째로 필자는 패트병에 담겨있는 1.5리터 소주를 준비했다. 업무의 특성상 그들이 반주를 즐겨했기 때문이다. 그렇게 안면을 튼 이후에는 영업소로 출근을 하지 않고 새벽에 현장으로 달려갔다. 처음에는 거절도 많이 했지만 그들처럼 새벽부터 일찍 나와 영업하는 것을 보고는 동질감을 느꼈는지 서서히 마음의 문이 열리기 시작했다.

그러던 중 어느 구청의 막사에서 보험에 가입하겠다고 하여 시장에 있는 닭집에서 생닭 3마리와 닭똥집을 사가게 되었다. 마침 점심 때라 삼겹살을 구워 식사를 하고 있었다. 날씨가 추운 관계로 창문을 열지 않고 방안에서 삼겹살을 굽고 있어서 방안엔 연기가 가득 했다. 바로 그때였다. 한쪽 구석에 있는 옷장 뒤에서 커다란 쥐 두마리가 쏜살 같이 뛰어나오더니 내 수저와 밥그릇을 밟고 출입문 옆의 화장실 쪽으로 달려가는 것이 아닌가? 아마 이전 같았으면 그냥 맛있게 먹었을 텐데 그날은 그럴 기분이 아니었다.

그날은 왠지 그 장소에 있는 것조차 거북하게 느껴졌다. 그리고 어떻게 하면 자연스럽게 빠져나갈까 하는 생각이 들었다. 그래서 차를 빼달라는 연락이 왔다며 오늘은 그냥 가야 할 것 같다고 인사를 하고 능청스럽게 빠져 나왔다. 이 기억은 두고두고 필자를 괴롭혔다. 아마 그때 필자는 영업에 미치지 않았던 모양이었다. 만약 그때 내가 일에 미쳐있었더라면 태연하게 식사를 할 수 있었을 것이다.

무언가에 미친 사람을 보면 주변 환경을 거의 무시하는 것을 볼 수 있다. 그저 시선과 관심이 핵심에만 집중되기 때문이다. 그리고 시간이 흐르는 것도 거의 개의치 않는다. 가령 놀면서 보내는 시간은 짧다고 느껴지는데 비해, 일하면서 보내는 시간은 길게만 느껴진다면 이는 미치지 않았다는 증거다. 일을 하면서 필자도 느끼는 바지만, 미치지 않는다면 재미란 있을 수 없다. 그런 일을 길게 한다면 그 사람은 대단히 피곤함을 느끼게 마련이다.

그러나 그 일에 미쳐서 재미있게 일하는 사람에게는 피곤은 커녕, 뿌듯함과 희열을 가져다 준다. 열심히 일하는 사람을 이기는 사람은 미쳐서 일하는 사람이다. 그냥 열심히 한다고 해서 성과가 오르는 것은 아니다. 오히려 앞뒤를 재지 않고 그 일에 미친 사람이 열심히 일하는 사람을 능가한다. 그 자체가 재미있기에 신바람 나게 일하면서도 거기에 따라오는 부수적인 소득을 얻는다. 재미있어서 일을 하는데, 거기에 부수적인 것까지 얻어진다면 또 다른 재미에 몰입되지 않겠는가?

# 08
# 통계에서 답을 찾고, 통계대로 움직인다

　성경을 보면 구약시대에도 통계나 인구조사를 했다는 증거들이 곳곳에서 발견되는 것을 보고 필자는 놀라곤 한다. 과연 그 시대에도 저렇게 할 수 있었다니. 그렇게 본다면 통계는 인류가 등장하면서부터 우리네 삶에 깊숙이 자리하고 영향을 주었다는 것을 알 수 있다.

　현대에 와서 이 통계는 산업 전반에도 깊이 관여를 하게 되었다. 물론 보험도 통계나 확률에 지배를 받고 있다. 다른 어떤 분야보다 오히려 통계나 확률을 훨씬 많이 활용하고 중요시 한다. 왜 그런 것일까? 국내 모든 보험사의 보장보험은 누적된 통계로 보험료가 결정된다. 몇 만원 밖에 안 되는 보험료를 냈는데도 사망했을 때에는 몇 천만원이나 몇 억 원을 받는 것도 그렇게 본다면 이유가 있는 것이다.

　그렇다면 도대체 무슨 근거로 사망했을 때 그렇게 많은 금액을 받는 것일까? 사망, 부상, 질병, 화재보험 등 모든 보험은 통계에 의한 위험률에 기초하여 산출방식을 정하게 된다. 그래서 보통 30평형 아파트를 소멸성 보험에 들게 된다면 1년에 1만원 이하로도 보장을 받을 수 있는 것이다.

그렇다면 어떻게 그 적은 금액으로 보장을 받을 수가 있는 것일까? 그것은 주택에서 화재가 발생할 확률이 그만큼 낮기 때문에 가능한 것이다. 예를 들어 아파트 요율표를 보면 그 위험률은 0.000110과 같이 표기된다. 그러나 드라이클리닝을 겸하는 세탁소의 위험률은 0.002946로 아파트보다 훨씬 높게 표기된다. 이처럼 위험률이라는 통계를 통해 세탁소는 아파트보다 보험료를 더 많이 부담할 수밖에 없는 것이다.

상해 의료비나 암 등도 마찬가지다. 다른 담보보다 위험률이 더 높기에 그만큼 보험료를 더 높게 책정하는 것이다. 이처럼 보험에 있어 통계는 필요충분조건이다. 만약 통계를 잘못 계산하게 된다면 보험사는 하루아침에 망하고 말 것이다. 물론 시장의 경쟁이라는 예외적 변수가 있어서 경쟁사에 비해 보험료를 낮게 책정하려는 경향도 있지만, 그렇다고 해서 통계를 외면한 채 보험료를 책정하는 것은 결코 아니다.

통계는 상품뿐만 아니라 영업 현장에도 적용이 된다. 만약 영업을 전문으로 하는 설계사가 계약 실적이 없다면 이는 영업활동을 하지 않았다는 것을 반증한다고 업계에서는 이야기한다. 그 이유는 오랫동안 영업을 했던 설계사들의 통계가 그것을 증명하기 때문이다. 즉, 설계사들이 뛴 만큼 영업실적이 나온다는 통계가 이 바닥에서는 통계이자 정설이 되어 있는 것이다.

또 다른 예로 고객에게 보내는 문자 메시지를 들어보자. 문자를 보내지 않는 설계사와 1주일에 한 번 보내는 설계사의 실적과 계약건수에는 얼마나 큰 차이가 있을까? 그 차이는 영업을 모르는 초등학생도 아마 알 것이다. 그렇다면 매일 어떤 지역을 설정하여 방문을 한다면 어떨까? 통계적으로 보면 투자한 시간만큼의 결과가 반드시 발생하게 마련이다. 우편발송이나 명함을 뿌리는 것도 마찬가지다. 모든 성과는 그 시간과 노력에 정확하게 비례한다는 것을 앞서간 사람들의 발자취가 증명하고 있다.

필자의 아내가 2002년도에 자동차를 구입한 적이 있었다. 그런데 그 영업사원이 얼마나 지속적으로 영업을 해왔는지 얼굴 한 번 본적 없는 그 자동차 영업사원의 이름을 아내는 지금도 기억하고 있다. 그가 지금껏 한 달도 거르지 않고 문자를 보내고 있기 때문이다. 지금 당장은 구입할 일이 없지만 그렇게 5년 이상을 지속적으로 보내고 있다면 당신은 어떻게 하겠는가?

아마도 새로 자동차를 구입하거나 소개를 할 일이 있다면 무조건 그 사람에게 의뢰할 것이 뻔하다. 그 사람을 잘 모르지만 통계적으로 볼 때 다른 사람과 분명 다르다고 느낄 것이며 그 사람에게 마음 속에서 충분한 신뢰를 가질 것이다. 이를 비용 대비 효과로 계산해보자. 30원×60개월(5년)을 가정했을 때 불과 1,800원의 투자가 그런 믿음을 만든 것이다.

당신은 현재 어떤 사람에게 지속적으로 영업을 하는지 자문해 보라. 필자도 영업을 하면서 지속적으로 하는 영업방법이 하나 있는데, 매월 고객에게 우편물을 발송하는 일이 그것이다. 그렇게 시작한 지가 어언 4년이 넘었는데도 여전히 매월 800여 통의 우편물을 보내고 있다. 게다가 주소는 자필로 쓰고 내용도 매월 다르다.

그런 수고를 무엇 때문에 하느냐고 생각할 수도 있다. 하지만 이러한 행위가 결과로 나타나지 않는다면 무엇 때문에 하겠는가? 우편물을 발송하면 그 비용의 몇 십 배 이상은 계약으로 들어오는 것이 통계로 잡히기 때문에 이런 수고를 하는 것이다. 그리고 이렇게 통계를 이용한 우편물 발송으로 현재의 내가 만들어졌으며 넘치는 물질적 축복도 받게 된 것이다.

설계사들과 대화를 하다보면 통계에 의한 방법보다는 개인기에 치중하여 영업을 하는 사람이 더 많은 것을 볼 수 있다. 대개 개인기에 의존하다 보면 기복이 심할 뿐만 아니라 슬럼프에 빠지면 헤어 나오지 못하게 마련이다. 그렇게 되면 지속적인 영업을 할 수 없을 뿐만 아니라 점차 매출이 감소하게 된다. 그리고 마침내는 이 일을 그만두게 된다.

그와 반대로 통계를 기준으로 하는 영업은 계약을 거르는 일도 없을 뿐 아니라 생각지도 못했던 계약이 수시로 발생한다. 또한 통계 안에서 숙성시켜 받아낸 계약은 유지율도 매우 좋다. 필자가 계약한 건수가 다른 사람보다 몇 배 많음에도 불구하고 유지율이 월등하게 높은 이유가 그것이다. 그리고 유예나 실효건도 거의 없으며 마감일 날 수금문제로 고객과 통화할 일도 거의 없다.

그러나 개인기에 의존하며 영업을 한 설계사들을 보면 마감일이 되면 그 실체가 드러난다. 대납과 수당 빼주기를 밥 먹듯이 했기 때문에 마감일만 되면 수금 때문에 정신을 못 차린다. 기본기와 개인기의 차이라고 보면 된다. 개인기가 아무리 화려해도 탄탄한 기본기가 필요한 이유가 그 때문이다. 그리고 그 기본기는 통계에 기반한다.

몇 년 전 필자는 고객관리의 극치를 느낀 적이 있었다. 매월 발송하는 우편물이 도착할 즈음 문자 메시지로 우편물에 넣었던 내용을 다시 한 번 확인시켜 준 것이 그 계기였다. 아무리 생각해도 너무 좋은 보장이기에 고객들에게 알려야겠다는 생각에 재확인으로 문자를 보냈던 것이다. 문자를 보내기가 무섭게 무려 150건이 넘는 계약문의가 한꺼번에 밀려왔다. 필자는 계약문의에 관한 전화를 받는 것이 그렇게 무서운 줄 그때 처음 알았다. 그 때 필자는 고객이 항상 나를 주시하고 있다는 생각을 할 수밖에 없었다.

보험영업이 힘들다고 말하거나 실적이 없다고 투덜대는 것은 달리 표현한다면 영업활동을 하지 않고 있다는 증거다. 제대로 영업을 한다면 통계적으로 매일 3명의 고객을 만나서 그 중 1명은 내 고객이 되기 때문이다. 한 달에 만나는 사람이 총 10명이라 해도 그 중애서 계약이 발생할 확률은 불과 1명에서 2명 내외가 된다.

대부분의 설계사들은 여전히 주먹구구식으로 영업을 하고 있으며 자신의 영업실적에 대한 통계를 만들지 못하고 있다. 지금까지 만난 고객이 총 몇 명이며 그 고객과 몇 번의 만남에서 계약이 발생하는지 통계를 내야 하건만 이를 실천하는 사람은 드물다. 그러다 보니 개인기에 의존한 영업을 할 수밖에 없다.

수학을 잘하는 사람이 공부를 잘한다고 말하는 것처럼 통계를 잘 내는 사람이 영업도 잘한다. 최고급 옷을 입고 비싼 명함첩에 금박으로 된 명함을 넣고 비싼 파카 볼펜에 명품가방을 들었더라도 통계 없이 고객을 만나러 나서는 것은 결국 시간만 축내는 것에 지나지 않는다.

The highest peak of sales is the insurance sales!

# chap 03

## 잠재고객에게 접근하라

01 오늘보다 내일에 투자하라
02 주변 사람부터 공략하라
03 소탐대실小貪大失하지 마라
04 영업은 이론보다 실천이다
05 보험영업의 꽃은 화법이다
06 거절 화법을 "Yes 화법"으로 바꿔라
07 거절은 고객의 본연적 인사법이다
08 고객은 호랑이가 아니다
09 자신만의 영업방법으로 흔적을 남겨라
10 분위기가 사람과 성과를 만든다

The highest peak of sales is the insurance sales!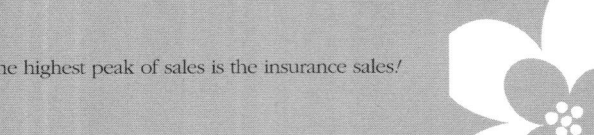

## 01 오늘보다 내일에 투자하라

모든 사람들이 항상 평상심을 유지할 수는 없다. 모든 일에는 흐름이나 사이클이 존재하기 때문이다. 하물며 자연현상에도 비가 내리고 맑은 날이 있지 않은가, 잘 되는 때가 있으면 안 되는 때도 있다. 그래서 사람들이 점을 보거나 혹은 바이오 리듬을 보고 행동하는 것일게다. 초자연적인 무언가가 우리를 지배한다고 여기기 때문이리라.

영업도 사이클이 있다. 그래서 필자는 자신의 컨디션을 파악하고 이에 따라 움직이라고 말한다. 물론 아무 생각 없이 영업하는 일용직 설계사에게 컨디션이란 단어는 사치처럼 보일 수도 있다. 그들에게는 오늘, 그것도 바로 지금의 성과가 중요할 뿐 내일은 까마득한 미래이기 때문이다. 그래서 그들은 교육시간에 나와 배우라고 해도 별로 관심을 보이지 않는다.

그들은 이곳저곳을 동냥하듯 바쁘게 돌아다니는 것을 영업이라고 말한다. 그런데 정말 이해가 가지 않는 것은 그렇게 바쁜 그들이 생각보다 좋은 성과를 올리지 못한다는 것이다. 말은 이미 저만치 앞서가 보험왕에 오르고도 남을 지경이다. 하지만 현실에서 그들이 보이는 성과는 예상외로 저조하다. 보통 80%가 넘는 설계사들이 이 부류에 속한다. 그러나 프로 설계사는 다르다. 그들은 오늘보다는 내일을 위하여 투자할 줄 안다.

당신은 그날의 컨디션에 따라 움직이고 있는가? 그렇다면 당신은 이미 프로 설계사다. 아마추어 설계사는 당장 돈 버는 일에만 집중할 뿐 먼 훗날까지 생각할 여유가 없기 때문이다. 프로와 아마추어의 차이를 너무 간단한 기준으로만 이야기한다고 생각하는가? 그렇다면 이를 프로야구에 빗대어 이야기해보는 것은 어떨까.

야구 경기에 임하는 프로선수들은 그날 자신의 컨디션이 좋지 않으면 감독에게 보고를 한다. 무엇보다 연봉이 중요한 그들에게 게임을 뛴다는 것은 아주 큰 의미를 지님에도 불구하고 스스로의 상태를 알리는 것이다. 물론 이 이야기를 전해들은 감독은 특별한 이유가 없는 한 그를 게임에서 제외한다. 그렇다면 왜 이런 선택을 하는 것일까?

프로야구 선수들은 그야 말로 몸이 재산이다. 그런데 컨디션이 좋지 않은 날 뛰게 되면 부상 확률이 크게 올라가게 마련이다. 따라서 스스로를 보호하는 차원에서 보고를 한다. 감독에게 있어서도 한 번의 승리보다 더 중요한 것은 이후의 지속된 승리다.

그러기 위해서는 선수가 오랜 기간 아플 경우를 사전에 차단하는 것이 무엇보다 중요하다. 그래서 컨디션을 보고했을 때 그를 과감히 출전선수 명단에서 제외할 수 있는 것이다.

이처럼 컨디션은 모든 일에 있어 시작이다. 그래서 영업을 잘하는 사람은 영업에 관한 사소한 일에도 민감한 반응을 보이고 어느 것 하나 그냥 지나치지 않는다. 때로는 쉬운 것도 어렵게 만드는 것처럼 보일 때도 있다.

그들은 평상시에는 편하게 입던 옷도 영업할 때는 반듯하게 차려 입는다. 영업을 하기 위해서 양치질은 물론이고 머리 손질도 주기적으로 하며 가방이나 수첩, 자동차까지도 수시로 바꾼다. 좀 더 좋은 영업적 컨디션을 만들기 위해서다.

필자도 영업 초기에는 은혜 받은 얼굴을 만들기 위해 새벽기도를 했었다. 그러다 보니 항상 충만한 모습이었고 키 작고 못생긴 얼굴에 웃음이 끊이질 않았다. 그러자 웃는 얼굴에 침 뱉지 못한다고 거절을 당하는 일도 점차 적어졌다. 그에 따라 계약건도 점차 많아지기 시작했다. 그렇다고 필자가 말을 많이 하는 것도 아니다. 최상의 컨디션은 침묵만으로도 고객을 설득하는 것 같다.

지금도 필자는 매주마다 최상의 컨디션으로 강의를 하기 위해 여러 가지 준비를 한다. 강의 이틀 전부터는 술도 절제하고 강의 날에는 더 깨끗이 씻는다. 그리고 전날에는 가능한 한 일찍 자고 당일이 되면 아침 일찍 나와서 교육준비를 한다. 매주 진행하는 강의지만 그래서 마음만은 항상 새롭다. 연애를 할 때처럼 가슴도 마구 설렌다.

　판소리 명창들은 관객을 앞에 두고 판소리를 하다가도 컨디션이 좋지 않거나 목이 제대로 트이지 않으면 중도에 사과를 하고 무대를 내려온다고 한다. 그만큼 컨디션은 자신은 물론 고객에게도 중요하다. 설계사는 고객이 자신에 대해 모를 것이라고 생각하지만 고객은 설계사의 컨디션을 누구보다도 잘 감지한다. 그러니 프로라면 컨디션을 유지하고 관리하는 것은 당연하다.

　그러나 아직까지 국내에서 이에 대해 강의를 하거나 충전을 시켜주는 보험사는 거의 없다. 단지 목표나 동기유발 프로그램이 대부분이다. 그러나 앞으로가 더 걱정이다. 보험회사의 영업 채널이 보험사의 직영 판매에서 판매 주식회사 쪽으로 옮아가고 있기 때문이다. 그렇게 되면 컨디션 조절에 대한 프로그램이나 교육은 더욱 중요시 될 것이다.

　보험영업에서 최고의 실적을 올렸던 사람들은 자신의 컨디션을 항상 최상으로 유지해온 사람들이다. 그런데 컨디션도 선순환 작용을 한다. 즉 컨디션이 좋으면 영업적 자신감이 생겨 어떤 고객을 만나도 내 고객으로 만들게 된다. 그리고 그 고객들은 또 다른 고객을 추천해 부가적인 성과를 불러온다. 그에 따라 지속적이고 반복적으로 최고의 기분 상태를 유지하게 되는 것이다.

　이러한 반복과 순환은 슬럼프를 겪지 않는 한 끊길 일이 거의 없다. 항상 최고의 성과를 기록하고 있는 이들은 이러한 선순환의 법칙을 알고 있다. 그래서 그러한 흐름이 끊기지 않도록 지속적으로 자신의 컨디션을 최고로 끌어올리거나 그러기 위해서 관리를 한다. 그러나 그들은 컨디션이 좋지 않을 때, 여기서 헤어나오기 위한 자신만의 컨디션 조절법도 가지고 있다.

그래서 그들은 다른 사람이 봤을 때는 슬럼프가 없다는 착각을 불러일으킨다. 그들은 그러한 슬럼프를 극복하기 위한 자신만의 방법을 개발하고 다시 원상태로 회귀하는 데 탁월하다. 당신은 고객을 만났을 때 최상의 컨디션을 유지하는 방법을 가지고 있는가? 그리고 슬럼프를 극복하는 데 자신만의 특별한 방법으로 빠르고도 효과적으로 극복하고 있는가? 그렇다면 당신은 정말 탁월한 보험설계사다.

## 02 주변 사람부터 공략하라

　개척영업을 하다보면 영업보다 더 어려운 것이 있다. 그 중 하나가 바로 주차문제다. 개척영업을 하다보면 준비물 등을 가져가야 해서 자동차 이용이 불가피 할 때가 많다. 그러나 막상 현장에서 자동차를 주차하기란 쉽지 않다. 물론 아무 생각 없이 유료주차장에 주차를 할 수도 있다. 하지만 매번 그렇게 하다가는 자신의 급여 중 상당 금액을 주차비로 충당해야 한다.
　이렇게 말한다면 어떤 사람은 잔돈푼에 떨면서 어떻게 영업을 하냐고 말할 것이다. 그렇다고 주차비 때문에 동내에서만 영업할 수도 없다. 이렇게 개척영업을 계획한 설계사가 고객보다 먼저 만나야 하는 사람이 있다. 바로 건물출입을 관리하는 경비원이나 주차장 관리인들이다. 개척을 하기 전에는 의식하지 못했지만 영업을 하다보면 평소에는 보이지 않던 경비원이 왜 그렇게 많은지 놀랄 것이다. 어떤 설계사에게 여의도에서 개척영업을 포기했던 이유가 건물 경비원 때문이라는 말을 들은 적도 있다.

영업을 하다보면 그들이 껄끄러운 존재인 것만은 확실하다. 하지만 반대로 그분들이 계시므로 그 회사 직원들이 좀 더 좋은 환경에서 일하고 있다는 것을 감안한다면 무조건 나쁘게만 볼 일도 아니다. 그리고 영업을 하는 설계사 입장에서도 그들의 역할이 나쁘다고만 볼 수는 없다. 개척만 제대로 한다면 그들 때문에 내 영업 장소가 보호를 받을 수도 있기 때문이다.

그런데 재미있는 것은 주위에서 영업을 잘하는 설계사들은 대개 건물 경비원을 잘 활용하는 사람들이었다. 경비원이 까다로울수록 그 곳을 통과하면 남들이 접근하지 못한 블루오션이 있기 때문이다. 처음에 통과하기 어려워서 그렇지 두 번째부터는 고객의 이름만 대도 내 집처럼 드나들 수 있다. 그렇게 본다면 영업하는 사람에게 있어 경비원들은 무섭거나 귀찮은 존재가 아니라 내 영업 지역을 지키는 수문장인 셈이다.

그래서 영업을 잘하는 사람들은 그들과 돈독한 관계를 맺는다. 우선 그들 자신이 1차 고객이 될 수 있는데다, 그들은 그 회사의 현황이나 직원들의 사정에도 밝다. 그렇기 때문에 찾는 사람이 나갔는지 아니면 안에서 일하고 있는지 확인하기도 쉽다. 게다가 경비원들은 대개 회사 주차장까지도 관리하는 경우가 많다. 친해만 놓는다면 무료주차의 덤까지 얻을 수 있다.

그런 경비원을 무서운 사람이라고 치부한 채 외면하거나 피한다면 어떻겠는가? 그만큼 경쟁력에서 떨어질 수밖에 없다. 그러나 그들과 친해지기 위해서는 그에 따르는 선행적인 노력이 필요하다. 담배 한 갑이나 음료수 한잔을 사들고 그들이 관심사를 가지고 있는 것에 대해 말을 걸어보라. 아마 투자했던 것의 10배는 돌려받을 것이다.

필자도 보험영업을 맨 처음 시작했던 회사의 건물에서 3년 정도를 일하면서 건물 관리실과 주변의 여러 곳에서 계약을 받았었다. 그 건물은 지하철 근처에 있는 9층짜리 대형 건물로 1층을 제외한 모든 층을 보험회사들이 사용하고 있었다. 게다가 그 건물은 오래 전부터 보험회사들이 임차해서 사용한 탓에 보험회사 건물로 불리워지고 있었다. 그런 곳에서 필자는 주차장 관리인 2명 모두와 그 건물의 건물주, 그리고 그 건물주에게 놀러오는 사람에게까지 계약을 받았다. 또한 보일러실 기관장과 그 건물 주위에 있는 많은 식당도 계약을 했었다.

그래서 한 번은 국내 최고의 보험사들이 입주한 건물에서 수많은 설계사들이 있을 텐데 굳이 필자에게 가입한 경위를 물어보았다. 그러자 이런 대답이 돌아왔다.

"낮에 가장 자주 드나들었던 사람이 당신이었고 그 건물에서 가장 늦은 시간까지 일하고 가는 사람이 당신이기에 성실하고 열심히 하는 사람이라고 생각해서 가입했다."

그들은 사실 설계사 모르게 그가 일하는 모습을 옆에서 가만히 지켜보았던 것이다. 그리고 나서 건물 주위에 있는 식당에도 왜 본인에게 보험을 가입했냐고 물었더니 "제대로 식사시간을 맞춰서 온 적이 없는 것으로 봐서 얼마나 일을 열심히 하면 식사 시간까지도 놓칠까?'라고 생각해서 가입했다고 했다. 물론 가게의 매출을 많이 올려주는 설계사들도 있지만 한두 번 그들에게 가입을 해봤는데 얼마 되지 않아 그만두거나 업무처리가 늦어 믿을 수가 없었다고 덧붙였다.

필자는 그 당시 주로 오후 2시가 넘어서 식당을 방문했었다. 그 시간은 주로 점심시간이 지나서 주인과 대화가 가능한 시간이었다. 그리고는 계약 때문에 바빠서 이제야 아침 겸 점심을 먹는다고 말했다. 그 말에 그들은 필자가 일을 아주 열심히 하는 사람이며 믿을 만한 사람이라고 생각한 것이다. 어차피 먹어야 하는 밥인데 자신이 다니는 식당을 고객으로 삼지 못한다는 것은 프로가 아니라고 필자는 그 당시 생각했다.

이처럼 아무리 가까운 사람, 혹은 자주 만나는 사람이라도 자신만의 전략을 가지고 만나야 한다. 세일즈의 프로가 되기 위해서는 이러한 치밀함이 필요하다. 상대에게 접근하는 방식부터가 그 시작이다. 어느 설계사는 자주 방문하는 건물의 주차장 경비원을 만날 때마다 사탕이나 음료로 주차료를 대체하고 있다고 한다. 혹시 당신은 그게 무슨 대수냐고 생각하는가?

당신이 만나는 상대가 언제 고객으로 전환될 지는 당신이 하기에 달렸다. 당신이 단지 귀찮은 주차장 경비원으로 보고 있다면 그 사람은 당신을 주차장에 주차를 하는 사람 정도로 대접할 것이다. 그리고 그냥 내가 밥을 먹는 식당의 사장이라고 상대를 보고 있다면 그는 당신은 밥을 먹으러 오는 고객 정도로 인식할 것이다. 하지만 당신이 그를 고객으로 대한다면 어떨까? 그는 상품을 구입해 당신의 성과를 올려주는 파트너가 될 것이다.

고객을 찾아 끊임없이 돌아다니고 있는가? 그렇다면 우선 당신 주변을 둘러보라. 당신을 제외한 모든 이들이 고객이다. 그가 택시운전을 하건, 대기업의 경영자건 그들은 당신에게 있어 아주 특별한 고객이다. 멀리서 찾을 것이 아니라 눈에 보이는 모든 사람이 당신의 고객이다. 거기서부터 시작이다. 주변 사람도 고객으로 만들지 못하면서 먼 곳의 고객을 찾는 것은 연목구어緣木求魚일 뿐이다.

## 03 소탐대실 小貪大失 하지 마라

영업하는 사람이 보험을 판매하지 않는 것은 직무유기이다. 그러나 결과가 중요하다고 해서 계약에만 목을 매는 것은 결코 좋은 방법이 아니다. 결과도 중요하지만, 그 과정 또한 중요하다. 그렇다면 가장 좋은 과정과 결과는 어떤 모습일까? 결론부터 말하면 무조건 상대에게 팔기보다는 고객 스스로 원해서 사도록 하는 것이 가장 좋은 모습이다. 이는 하수들은 모르는 고수들의 방법이다.

대개의 설계사들은 보험영업을 할 때 무조건 팔려고만 든다. 마음에 여유가 없고 보험에 관련된 정확한 지식이나 경쟁사의 상품에 대한 정보가 부족하기 때문이다. 게다가 그들이 가지고 있는 '만약 거절하면 어떻게 하지?'라는 생각도 여기에 일조한다. 그렇게 되면 설계사의 마음은 조급해지고 상대에 대한 고려나 생각을 잃게 된다.

설계사는 아무리 계약이 급해도 당당하게 고객의 선택을 요구해야 한다. 그래야만 고객은 계약에 대해서 스스로 책임을 질 수 있고, 그 설계사를 신뢰하게 된다. 지금까지 우리는 영업이라고 하면 수단과 방법을 가리지 않고 파는 것이라고 교육받거나 알아왔다. 하지만 무조건 판매하고 나서 사후조치는 어떻게 할 것인가? 그리고 불완전 판매로 인한 고객의 피해는 어떻게 할 것인가? 그래서 뛰어난 실적을 올리는 이들은 고객에게 선택하게끔 한다.

어제까지의 잘못된 습관에서 벗어나지 못하면 오늘도 내일도 변하는 것은 없다. 하물며 나는 변하지 않아도 고객은 수많은 정보를 접하면서 변해가고 있다. 따라서 현장에서 보험에 관한 단편적인 정보만을 가지고 영업을 한다면 정보로 무장해서 진화하는 고객을 어떻게 설득할 것인가? 팔기 위해서 억지를 부릴 수밖에 없을 것이다.

한 예로 어떤 고객이 다른 설계사한테 들어서 "그런 상품이 어디에 있느냐?"고 묻는데 정작 자신이 모른다면 얼마나 난처하겠는가. 혹은 임기응변을 발휘해 그 순간을 모면하고자 "그런 회사는 보상도 제대로 안 된다"든지 "그 회사는 보상이 까다롭다"와 같은 변명을 한다면 이는 수습할 수 없는 단계로 가게 될 것이다. 이제는 인터넷 검색만 해도 그 상품의 내용을 알 수 있게 되었기 때문이다.

더욱이 방카슈랑스가 더욱 확대되면서 생명보험과 손해보험을 교차로 판매할 수 있는 시점이 되었다. 설계사들은 이제 자신이 속한 회사의 보험상품을 더 많이 팔기 위해서라도 타사 상품을 비교·검토할 수 있어야 하는 현실에 직면했다. 그리고 회사별 상품의 장·단점을 파악한 후 고객에게 자사의 상품이 가진 가치를 설명해야 하는 현실이 되었다. 상품지식을 쌓고자 노력해야 하는 이유가 여기에 있다.

필자도 설계사들과 대화를 하고 그들에게 강의를 하면서 많은 일을 겪었다. 어떤 설계사들은 처음 만나서는 자신의 경력을 당당하게 내세운다. 그러나 몇 분만 지나면 그 당당함은 오간데 없이 자신의 부족한 지식을 감추고자 남 탓을 한다. 또 어떤 설계사는 틀린 보장내용을 맞다고 우기기도 한다. 그러면 필자는 그 회사의 상품개발실에 직접 전화를 걸어 이를 확인시킨다. 그러면 자존심에 상처를 입지만 결국 함께하게 된다. 지금까지 만난 분들은 대부분 그런 과정을 통하여 만났다.

설계사가 상품지식 하나를 알고 모르는 것을 탓하고자 하는 것이 아니다. 이렇게 막연한 지식으로 고객을 대하다 보면 결국 그 피해는 고스란히 고객과 설계사의 몫이 된다. 이러한 피해를 미연에 방지하기 위한 것일 뿐이다. 제대로 알고 제대로 처리하기만 해도 이러한 피해를 당하지 않는데, 섣부른 과신으로 이러한 피해를 고객과 자신이 입어서는 안될 것이다.

필자가 신입 설계사들을 교육할 때 꼭 하는 말이 있다. 절대로 고객에게 구걸하지 말라는 것이다. 고객이 이 보험에 가입하지 않으면 얼마나 많은 부분에서 후회할지만 명확하게 설명하라고 권한다. 그리고 절대로 증권분석을 해준다는 말은 하지 말라고 한다. 아직 상품에 대한 지식과 이해가 부족하기에 고객에게 단지 몇 가지 질문만 던지라는 것이다.

그리고 경력이 쌓이고 상품에 대한 지식이 확대되면 본격적으로 활동을 시작하라고 한다. 대개 설계사가 물으면 고객은 먼저 어느 보험에 가입했는지 대부분 술술 말한다. 그러면 그 상품의 장·단점을 하나하나 분석해 가입한 담보에 대하여 없는 부분이나 부족한 내용을 몇 가지를 꺼내어 자연스럽게 질문한다. 필자의 경험상 지금까지 그렇게 해서 제대로 답한 고객은 한 번도 만나지 못했다.

그렇게 되면 결국 그 고객은 속으로 불안해질 수밖에 없다. 어떻게 생각하면 지극히 정상적인 방법임에도 불구하고 다른 계약을 흔드는 것이 아닌가 하는 의혹도 있을 것이다. 하지만 고객의 입장에서 볼 때 그것은 결코 나쁜 것이 아니다. 자필로 서명을 한 이상 동일한 보험료를 내면서도 제대로 보장을 받지 못한다면 그 피해는 보험을 잘 모르는 고객이 고스란히 안아야 하기 때문이다.

설계사라면 고객에게 보험가입을 강요해서는 안 된다. 고객이 생각을 하고 판단을 하도록 도우면 그뿐이다. 그렇게 본다면 보험은 파는 것이 아니라 사도록 만드는 것이다. 설계사는 보험상품을 판매하는 것도 중요하지만 시장이 어떤 흐름으로 진행하고 있는지 또한 자신이 어떻게 준비해야 평생 이 일을 지속할 수 있을지 생각해야 한다. 계약 건수에 대한 압박 때문에 사람들 사이에서 끊임없이 소통하고 부대끼며 함께 할 사람들에게 신뢰를 잃는다면 어떻겠는가?

최고의 상술은 그 상술을 전혀 드러내지 않으면서도 잘 파는 것이다. 최고의 영업실적을 내고 있는 영업달인들도 이는 마찬가지다. 입장을 바꾸어서 생각해보자. 안면 때문에 어쩔 수 없이, 혹은 그 사람에게 속아서 어쩔 수 없이 어떤 상품을 샀다면 기분이 좋을 사람이 있을까? 하지만 스스로의 필요와 선택에 의해서 상품을 구매했다면 어떨까? 상품을 판매했다는 결과적인 측면에서는 같지만 고객의 만족감은 전혀 다를 것이다.

그리고 그 두 설계사의 미래는 보지 않아도 훤하다. 결과는 자신을 추스리고 독려하기 위함이지, 고객에게 자신의 생활비를 전가하기 위한 것이 결코 아니다. 인생도 길고, 영업도 길다. 소탐대실하는 것만큼은 피해야 할 것이다.

# 04
# 영업은 이론보다 실천이다

　필자가 지금껏 살아오면서 무슨 일을 시작할 때마다 주변 사람들에게서 매번 듣는 말이 있다. 그것은 바로 "나도 옛날에 그런 생각을 했었다"는 말이다. 어학시설로 사업을 시작했을 때도 그랬고, 국내 최초로 실직자 쉼터와 유언장닷컴을 만들 때도 그랬으며, 이 책을 출간할 준비를 할 때도 그랬다. 이처럼 대다수의 사람들은 항상 구상을 하거나 생각을 한다. 하지만 정작 이를 실천하는 데는 어떤가? 미루거나 두려워한다.
　필자가 오랜 기간 영업을 해오면서 느낀 것은 영업은 실천이라는 것이었다. 그리고 만나본 설계사들도 예외는 아니었다. 영업을 잘 하는 사람들의 공통점은 실천력이 강한 사람들인 반면 영업을 못하는 사람들은 갖가지 이유를 대며 실천할 수 없다고 부정적인 토를 다는 사람들이었다. 영업을 잘 못하는 사람들은 대개 자신의 논리를 합리화시키는 데 아주 익숙하다.

그런데 재미있는 것은 그런 사람들은 대부분 자신과 비슷한 부류의 고객들을 만난다는 것이다. 그러다 보니 자신보다 더한 고객을 만나서 고생하는 경우도 많다. 혹은 계약을 했더라도 중도해지를 하는 확률도 사실상 높다. 이처럼 영업을 하다보면 자신과 비슷한 스타일의 사람들끼리 만나게 되는 경우가 많다. 유유상종類類相從이 되는 것이다.

영업을 잘하는 사람은 어느 회사의 상품이든 상품의 보장내용이 부족하다고 해서 계약을 못 받는 경우는 별로 없다. 그러나 영업을 잘 못하는 사람은 아무리 좋은 상품이라도 여러 가지 핑계를 대며 판매를 하지 못한다. 보험상품을 판매하고자 준비한 고객용 선물이나 판촉물도 구입해 놓고 사용하지 않는 것은 물론이다.

아무리 좋은 보험상품이라도 영업하는 사람이 상품에 적합한 곳을 공략하지 않으면 그 보험은 절대 팔 수 없다. 그래서 아무리 상품과 계획이 좋아도 실천하지 않으면 무의미하다고 말하는 것이다. 예를 들어 태아보험이 있다고 해보자. 설계사라면 어디 가서 판매해야 할지 생각하지 않을 수 없을 것이다. 대개는 아마 주위에서 결혼하거나 임신한 사람을 먼저 생각할 것이다. 하지만 실제로 그런 사람들이 많지 않을 뿐더러 그들만 가지고서는 1년에 겨우 몇 건의 계약을 따낼 수 있을지 의문이다.

그렇다면 어떻게 해야 할까? 그리고 어디로 가서 영업을 해야 할까? 고민에 고민을 거듭 하다보면 그 해답이 산부인과에 있음을 알게 될 것이다. 그러고 나면 이제 남은 일은 산부인과에 가서 젊은 산모나 임산부를 고객으로 만들 수 있도록 영업을 하면 된다. 대형화된 산부인과에서 매일 30명에게 광고물을 나눠주고 연락처를 받는다면 한 달이면 800명, 반년이면 약 5천 명 가량의 잠재고객을 확보할 수 있다.

그리고 그 정보를 바탕으로 마음만 먹는다면 무엇을 못하겠는가? 산모들에게 수시로 문자도 보내주고 정보도 제공하며 우유나 유모차 등을 저렴한 가격으로 대량구매하여 혜택을 줄 수도 있을 것이다. 아무런 계획 없이 영업하기가 힘든 것이지 세밀한 영업전략을 짜고 실천한다면 이처럼 쉬운 것도 없다. 물론 단체보험을 받으려면 공장이나 기업을 찾아다니며 영업을 해야 할 것이고 소개를 받으려면 기존 고객에게 최선을 다해 영업을 해야 할 것이다.

필자는 90년 초에 보습학원에 영업을 한 적이 있었다. 학원의 인테리어부터 칠판, 책상, 방송시설, CCTV, 어학시설 등을 파는 영업이었다. 그 당시는 학원이 한곳에 집중되어 있지 않아 동내 구석구석을 뒤질 수밖에 없었다. 서울과 경기도를 타깃으로 영업을 시작하였으나 학원장들을 만나는 것조차 어려웠다. 학원의 수업시간이 보통 오후 2시 이후부터인데다 학원장이 자리를 비우기가 일쑤였기 때문이었다.

게다가 대개 기존 거래처가 있어서 새롭게 영업을 한다는 것은 생각보다 어려웠다. 설령 학원장을 만나 상담을 마치고 돌아온다 해도 그 학원장이 나를 기억할 수 있는지 도무지 알 수도 없었다. 그러자 학원장이 나를 기억나도록 만들어야 한다는 것이 숙제로 남게 되었다. 그러나 그게 쉬운 일이 아니었다.

그 해결방법을 생각하던 어느 날이었다. 고향에 내려갔는데 문득 아버지의 검정 고무신이 눈에 들어왔다. 그 순간 '바로 이것이구나' 라는 생각이 머릿속을 스쳐 지나갔다. 영업을 할 때 검정 고무신을 신는다면 분명히 눈에 띄리라는 확신이 들었던 것이다. 그래서 읍내 시장에서 검정 고무신 두 켤레를 사가지고 서울로 올라왔다.

그러나 막상 그 신발을 신고 영업을 나가려니 용기가 나지 않았다. 키도 작은 사람이 검정 양복에 007가방을 들고 검정 고무신을 신은 채 영업하는 모습을 상상하니 웃음밖에 나오지 않았다. 그러나 영업을 하기 위해선 어쩔 수 없었다. 체면은 뒷전으로 하고 일단 용기를 내어 그 복장을 한 채 노량진에 있는 한 학원을 방문했다.

아니나 다를까. 그 모습에 학원장과 강사들은 물론이고 어디서 알았는지 어린 학생들까지 나와서 배꼽을 잡고 웃어댔다. 하지만 그 순간 대성공임을 짐작했다. 계단을 내려올 때까지 쳐다보며 웃어댔고 길가는 사람도 뒤돌아보며 웃어댔다. 그렇게 2년간을 영업하다보니 어느새 학원 바닥에서는 '검정 고무신'으로 불리기 시작했다. 필자를 모르는 사람은 학원을 처음 시작하는 사람으로 단정해도 될 정도로 말이다. 그때 그런 생각을 실천에 옮기지 못했다면 2천개가 넘는 학원을 고객으로 삼지는 못했을 것이다.

한 번은 한 생명보험 회사의 설계사와 상담을 하던 중, 고객정보의 중요성을 지적해준 적이 있었다. 필자의 교육에 참석하는 대부분의 설계사들은 들어서 알고 있는 내용이겠지만, 그 분은 사정상 교육에 참석할 수는 없어 별도의 시간을 만들어 상담을 하게 된 것이었다. 그는 생명보험 분야의 설계사라 손해보험에 대해선 아는 것이 전혀 없는 상태였다. 그는 주식시장은 하락하고 환율은 오르며 세상은 온통 불경기로 보험영업의 판로가 막혔다며 무슨 대책이 없겠느냐고 물어왔다.

그때 필자는 고객정보의 중요성과 가공방법을 가르쳐주고 상담을 마쳤다. 몇 개월이 지나자 그 설계사가 다시 필자를 찾아왔다. 그리고 다음과 같이 말했다.

"사장님이 말씀하신 대로 지금까지 고객의 모든 정보를 가공하여 두 달 동안 자동차보험의 만기 고객 리스트만을 만들었습니다. 이제부터 자동차보험을 미끼삼아 생명보험 판매에 도전하겠습니다."

그는 상담을 한대로 실천하면 앞으로는 한 달에 보험을 50개 이상은 판매할 수 있겠다고 했다. 이를 달성했음은 물론이다. 그러나 대부분의 설계사들은 본인이 가지고 있는 정보조차 활용하지 못한 채 매일 새로운 곳을 찾아다니며 영업을 한다. 필자도 환경미화원을 대상으로 영업을 하지 않았다면 지금 어떻게 살고 있을까? 또한 남동공단이나 장항동 인쇄단지를 열심히 방문하지 않았다면 불과 5년 만에 무슨 능력으로 2,200명이 넘는 고객을 만들 수가 있었을까?

영업적 지식이 아무리 많아도 사무실에만 앉아 있다면 영업을 하기는 힘들다. 영업의 결론은 발로 결정난다. 회사의 경쟁을 영업에 비유하곤 한다. 이때 각각의 부서를 각각의 병사로 표현하는데, 이는 다음과 같다. 전략 부서는 작전병, 마케팅 부서는 포병, 영업 부서는 보병, 그리고 서비스 관련 부서는 간호병에 비유한다.

그런데 여기서 중요하게 볼 것이 있다. 전쟁의 승리를 알리는 깃발을 누가 꽂는가이다. 바로 보병이다. 전쟁에 비유했을 때 영업 부서는 바로 이러한 승리를 알리는 최전선의 임무를 맡고 있는 것이다. 회사의 대동맥을 잇는 부서로서 영업 부서는 바로 이러한 활동의 범주를 지닌다. 그런데 이들이 자신의 임무를 포기한 채 작전병, 포병, 간호병이 되려한다면 과연 그 기업, 그리고 영업인 자신은 어떻겠는가?

아무리 좋은 옷이 있어도 안 입는 사람이 있다. 좋은 옷이 있을 땐 최대한 빨리 입는 것이 상책이다. 그런데도 미련한 사람은 새 것을 아껴서 나중에 입으려 한다. 그때는 이미 유행이 지나가 버린 후인데도 말이다. 행동도 이와 마찬가지다. 아는 것이 중요한 것이 아니라 실천에 옮기는 것이 중요한 것이다.

그렇다고 영업을 하는 데 있어 지식과 지혜가 없어도 된다는 말은 아니다. 영업도 물론 지식과 지혜가 있어야만 한다. 그러나 그러한 지식과 지혜도 실천하지 않으면 아무런 의미를 지니지 못한다. 이제 육체의 나이는 잊어라. 모든 핑계는 행동을 구속하고, 그리하여 마침내 정신까지 구속한다. 자신의 육체적인 나이가 아직도 이삼십 대라고 생각하라. 그리고 당장 사무실을 박차고 나가 고객들을 만나라. 진정한 승리는 현장에서 실천하는 사람에게 돌아온다.

## 05 보험영업의 꽃은 화법이다

영업하면 빼놓을 수 없는 단어가 바로 화법이다. 영업하는 사람은 말로써 교감하고, 말로써 상대의 의중을 파악하고, 말로써 상대를 설득하기 때문이다. 그렇게 본다면 화법은 영업에 있어 거의 전부라 해도 과언이 아니다. 그러나 화법은 양날의 칼과 같이 항상 양면성을 가진다. 같은 밥이라도 맛있게 먹는 사람과 그렇지 않은 사람이 있듯이 화법도 그와 비슷하다. 같은 것이라도 긍정적인 표현을 하는 사람이 있는가 하면 부정적인 표현을 하는 사람도 있지 않은가.

우리는 영업을 하는 사람이 말하는 것만으로도 그 사람의 성격을 대체로 파악할 수 있다. 어떤 사람은 구걸하다시피 해서 계약을 성사시키고는 그것을 실력이라고 생각하는 사람이 있고 어떤 사람은 침묵만으로도 계약을 성사시키는 사람이 있다. 물론 영업 성향의 차이라고 말할 수도 있겠지만, 그렇게 단순히 말할 것만은 아니다.

영업에 있어서 화법은 언어가 마술을 부린다는 것을 아주 직접적으로 보여주는 대표적인 예라고 할 수 있다. 보험영업은 키가 크거나 잘 생겼다고 영업을 잘하는 것이 아니다. 물론 일부 있기도 하겠지만, 그것만으로는 그리 오래가지 못한다. 그러나 말을 잘하는 것은 영업과 직결된다. 그렇다고 말을 잘하는 것이 말이 많은 것을 의미하지는 않는다. 말을 잘한다는 것은 커뮤니케이션, 즉 쌍방 간에 오가는 의사소통을 잘한다는 것을 의미한다.

토요일 교육시간마다 참석하는 생명보험 회사에 근무하는 50대 중반의 한 설계사님이 계셨다. 그 분은 어느 것 하나 내세울 것이 별로 없는 분으로 보였다. 키도, 인물도, 복장도, 목소리도 어느 것 하나 내세울 게 없었지만 그분은 매월 평균 1천만 원을 넘게 받는 고소득자였다.

그 분이 내세우는 것이 있다면 누구를 대하든지 늘 웃는 얼굴로 편안하고 진실하게 대한다는 것이었다. 신앙생활을 하지 않는데도 항상 감사하시는 분이었고 부드러우면서도 정작 하고자 하는 말을 당차게 하는 것을 보면서 영업을 왜 그렇게 잘 하는지 느끼게 해준 분이었다.

필자는 이야기를 나누는 동안 그 분의 말에서 어떤 리듬을 읽을 수 있었다. 그냥 혼자서 떠들지도 않고, 마냥 듣고 있지도 않고 적재적소에 자신의 의견을 피력하는 것으로 보아 대화를 아는 분이었다. 게다가 자신의 외모만큼이나 순박하고 쉬운 단어로 상대를 편안하게 만드는 탁월한 재주를 지니고 있었다. 물론 그 외에도 대화를 하는 내내 즐거움을 주는 언어적 재미까지 겸비한 분이었다. 이야기를 나누다 보니 왜 그 분이 고소득자가 되었는지 이해할 수밖에 없었다.

영업을 하는 데 있어 말을 잘한다는 것은 큰 능력이다. 그러나 아무리 말을 잘한다 해도 자연스럽지 않으면 아무 의미가 없다. 고객에게 위화감을 주는 말, 혹은 일방적으로 강요하는 말, 대화의 흐름을 거스르는 말 등은 관계의 자연스러움을 파괴한다. 그리고 상대로 하여금 거부감을 불러일으킨다.

보험영업은 불특정 다수의 사람에게 접근하여 위험보장이라는 명분으로 상대를 설득해 계약으로 이끄는 고감도의 영업적 능력을 발휘하는 직업이다. 마트에 가서 물건을 사는 것과 같은 자의적인 마음보다는 타인에 의해 어느 순간 설득되어 스스로를 합리화하고 계약서에 서명을 하는 구매행위라고 볼 수 있다. 따라서 완벽한 지식과 정보 전달을 하면서도 신뢰를 구축할 수 있는 화법이 중요하다.

그렇다면 보험영업자의 화법은 어떠해야 할까?

1. 진실해야 한다.
2. 완벽한 지식을 담아서 표현해야 한다.
3. 고객 중심의 언어를 사용해야 한다.
4. 상황에 맞는 순발력을 가져야 한다.

5. 짧고 신속 정확하게 설명해야 한다.

그러기 위해서는 상황을 연출해놓고 대응하는 훈련이 필요하다. 필자도 가상 연습을 많이 하는 사람으로, 원래는 내성적인 성격의 소유자였다. 그래서 보기와 다르게 이전에는 타인 앞에서는 말도 잘 못하며 강의 중에는 물 한잔을 마시려 해도 손이 떨려 못 마실 정도로 소심한 성격을 가지고 있었다.

그래서 지금도 그런 결점을 극복하기 위해 마음속으로 수많은 상황을 연출하며 연습하고 상담이 끝나면 반드시 복기하는 습관을 가지고 있다. 그러다 보면 '이때 다른 화법을 사용할 걸 왜 그랬나' 혹은 '그 장면에서는 이랬으면 더 좋았을 텐데' 라는 생각과 함께 반성이 찾아온다. 그리고 다음번에 그런 상황이 닥치면 그렇게 할 것을 다짐한다.

이는 프로기사가 경기를 마친 후 자신의 경기 내용을 복기하는 것과 같다. 바둑에서 아마추어는 수를 헤아리는 능력조차 안 되기 때문에 복기가 불가능하지만, 영업에서는 아마추어든 프로든 상관이 없다. 가령, 차량이 밀릴 때나 잠자기 전 또는 샤워하면서 심심할 때 속으로 해보면 재미있다. "고객님! 설계사가 방문하면 보험에 가입하라 할까봐 겁나죠?" 와 같이 고객과의 대화 상황을 머릿속에 그려보고 이에 대응하는 것이다.

이렇게 준비된 화법은 현장에서 당황하지 않게 자신을 단련시키며, 시간이 지날수록 다른 설계사들과 엄청난 차이를 만든다.

'말 한마디로 천냥 빚을 갚는다'는 것처럼 말이 그 자체로 직접적 성과로 나는 것이다.

## 06 거절 화법을 "Yes 화법"으로 바꿔라

생명보험 회사나 손해보험 회사가 공통적으로 교육하는 내용 중 하나가 거절 화법에 관한 교육이다. 이 교육은 그 효과가 매우 커서 보험영업에서 빼놓을 수 없는 중요한 교육임에 틀림이 없다. 하지만 거절 화법이 아니라 'Yes 화법'이라고 했다면 얼마나 좋았을까 하는 생각이 든다.

거절 화법과 Yes 화법은 단어적인 의미를 넘어 고객을 바라보는 눈이나 프로세스 그리고 효과적인 측면에서도 많은 차이가 있다. Yes 화법이 주는 이미지는 거절 화법이라는 단어가 주는 이미지보다 동일한 조건에서 더 긍정적인 효과를 가져올 것이라는 것이 비단 필자만의 생각은 아닐 것이다.

거절 화법이 주는 단어적인 이미지는 우선 영업도 하기 전에 보험영업이 어렵다는 생각을 준다. 하루 이틀도 아니고 한두 사람도 아닌 설계사 모두에게 미치는 영향을 계산한다면 그 의미는 상상을 초월한다. 게다가 거절 화법에서 나오는 정형화된 화법으로는 고객을 순간적으로는 동화시킬 수 있을지 모르나 고객의 마음속 깊은 곳까지는 변화시킬 수 없다. 물론 영업교육의 전통을 고수하고 고객의 거절을 사전에 차단하는 의미로서는 중요할지 모른다.

하지만 점차 진화하는 고객과 그에 대응하는 설계사들을 본다면 거절 화법보다는 Yes 화법으로의 전환이 더욱 절실해진다. 필자도 처음 개척영업 할 때는 배운 대로 거절 화법을 시도했지만, 고객의 거절 때문에 수많은 상처를 입었다. 그리고 '영업이 꼭 이런 것은 아닐 것이다' 라는 생각이 뇌리를 떠나지 않았다. 그런 생각을 한 이후로는 거절당하지 않으려고 의도적으로 노력을 하였고, 어느 순간부터는 거절을 "Yes"로 이끄는 것이 익숙해지게 되었다.

그러기 위해서는 우선 고객에게 접근할 때 각각의 입장에서 한 번 바라볼 필요가 있다. 다음은 그 입장의 차이를 간략히 설명한 것이다.

• 설계사 입장

영업을 하기 위해서는 이유를 불문하고 영업현장에 나가야 하지만 그 때마다 준비하는 내용은 설계사마다 각각 다를 수밖에 없다. 그러나 어떤 방법으로 고객을 만나든 공통적으로 듣게 되는 답변이 있다. 고객들의 기본적인 거절방법인 "이미 누구누구를 통해 보험에 많이 가입해 있다"는 것이 그것이다.

처음부터 보험계약을 받을 것이라고는 기대도 안했다. 하지만 그래도 서운한 것은 어쩔 수가 없다. 그때마다 마지막 자존심으로 다음에 다시 한 번 들르겠다고 약속멘트를 날린다. 이렇게 해서 대부분은 일회성 방문으로 끝난다.

• 고객 입장

보험에 관하여 아무런 준비도 하지 않은 상태에서 처음 본 설계사가 방문한다. 처음 온 사람이 갑자기 이것저것 주기에 부담도 되서 그냥 빨리 나갔으면 한다. 그런데 "영업하면서 꼭 필요한 내용이니 설문지 하나만 적어 달라"고 한다.

그러면 자신의 정보가 누출될 수 있다며 거절한다. 그러고 나서 "가져온 것을 그냥 가지고 가세요"나 혹은 "지금은 바쁘니까 다음에 한가할 때 오세요"라고 말한다. 혹은 설계사가 계속해서 보험가입을 권유하면 "가입했다"고 말하거나 "가족 중에 설계사가 있다"라고 거절한다.

• 보험회사 입장

영업이란 원래 거절당하는 것이고 열 번 찍어 안 넘어 가면 다른 곳에 하면 된다. 그리고 거절 화법은 그런 상황을 가상하여 가르치는 것이고 실전에서 이를 응용해서 사용하라고 하는 것이다.

남들도 다들 그렇게 했고 머리를 쓰면 왜 좋은 방법이 없겠는가? 그래서 처음부터 잘 배워야 하며 가족이나 주위 사람부터 계약을 하고 어느 정도 연습을 한 후 개척영업을 해야하는 것이다. 그리고 못하는 사람이 이유가 많은 법이다. 똑같이 교육을 해도 잘하는 사람이 있는데 그런 개개인의 능력까지 회사에서 책임져야 하는가.

이처럼 보험과 관련된 각 주체들은 서로 다른 생각들을 하고 있으며, 이해관계 또한 다르다. 물론 그들의 상황이 서로 다르기 때문에 이런 결과가 나타나는 것은 너무나 당연하다. 그러나 한 번 생각해보라. 처음 거절을 한 고객은 대개 끝까지 거절하려는 강한 심리가 발동한다. 동질성의 심리가 작용하는 것이다. 혹여 거절을 했다가 승낙을 하게 되면 졌다는 승부욕이 가슴 한 켠을 차지하는 것이다. 따라서 처음에 거절을 받으면 그 고객에게 승낙을 받는다는 것은 사실 대단히 어려워진다.

바로 여기서 생각해야 할 것이 있다. 고객은 물론 거절을 당연히 할 것이다. 따라서 설계사는 이 거절을 피해 접근하는 방식이 필요하다는 것이다. 가령, 가는 길에 잠깐 들르는 것처럼 자신의 행동을 정당화시키는 것이 그것이다. "바쁜데 죄송합니다. △△보험 설계사 ○○○입니다. 마침 앞 사무실에 들렀다가 영업하는 사람이라 직업상 잠깐 들렀습니다"로 시작해서 "사무실 분위기가 참 편안하군요"와 같은 말로 대화를 유도해 "보험에 들어달라고 온 것은 아니니까 부담 갖지 마시고 혹시라도 고객님이 보험에 관하여 궁금한 일이 있다면 24시간 언제든지 연락 주십시오"나 "보험에 관련하여 단순한 내용은 담당 설계사에게 질문하셔도 되지만 전문적인 부분은 저와 같은 전문가의 도움도 때로는 매우 필요할 것입니다"라는 말로 이어간다.

이와 같은 말을 하면서 가능하다면 명함을 주고받는다. 그러고는 "혹시라도 다음에 이곳에 지나는 길에 들르면 그때는 커피 한잔 주십시오"와 같은 말로 인사를 하고 나오면 그것으로 끝이다. 아직까지는 고객에게 보험을 들어달라는 말을 한마디도 안 했기에 특별히 거절당할 이유가 없다. 애초에 거절을 받지 않도록 접근했기 때문이다.

그리고 명함을 받거나 이름을 알아냈다면 며칠 후에 보험가입 제안서를 가져다주거나 우편으로 부친다. 가능한 한 부담을 주지 않도록 "시간 있을 때 화장실에서라도 한 번 천천히 읽어 보세요. 아마 많은 도움이 될 것입니다"라고 자연스럽게 내용을 전하면 된다. 고객의 입장에서 볼 때 아직까지는 특별히 거절해야 할 이유가 없기에 잠시 스쳐갈 사람으로 볼 수밖에 없다.

일반적인 설계사는 이 상황에서 보험을 받으려고 덤빈다. 그러나 이때에도 일관성을 잃어서는 안 된다. "제가 매월 정기적으로 보내드리는 우편물이 있는데 버리지 마시고 정보로 잘 활용하세요. 그리고 보험에 관하여 궁금한 사항이 있다면 언제든지 전화 주십시오"와 같은 멘트로 끝낸다. 이때까지 고객의 입장에서 본다면 보험을 들어달라는 것도 아니고 뭔가를 받았기에 부담은 가지만 그 사람에게 호감이 가는 것은 어쩔 수 없다.

이처럼 초기에 거절의 빌미를 차단해서 호감으로 끌고 갔다면 이미 반은 달성한 것이나 다름없다. 거절은 보통 처음 만나는 과정에서 진행되지, 호감을 가지게 되었을 때는 거의 발생하지 않는다. 이러한 것을 감지했다면 고객의 입에서 초기에 거절의 말이 나오지 않도록 사전에 피해갈 수 있는 방법들을 강구해야 한다. 그렇게만 된다면 영업하기도 쉬울 뿐만 아니라 슬럼프에 빠지는 일도 드물 것이다.

## 07
## 거절은
## 고객의 본연적 인사법이다

　사람과 사람이 처음 만나면 인사로 대부분 악수를 한다. 국가나 인종별로 그 인사법은 제각기 다르지만 이제 악수는 세상을 하나로 만드는 만국 공통의 인사이자 언어가 되었다. 보험에도 그런 인사법이 있는데 바로 거절이 그것이다. 이것 또한 전 세계 어디서나 동일하다. 앞에서 거절 화법을 Yes 화법으로 바꾸라고 했지만, 그러지 못하고 직접적으로 거절을 받았다면 어떻게 해야 할까? 거절을 그저 평범한 인사쯤으로 생각하고 거절에 대한 특별한 의미를 주지 않으면 된다. 거절당했다고 상처를 받을 필요도 없다. 원수지간도 아니고 영업을 하겠다고 만난 사람들인데 어떤가.

　보험을 시작할 때 가장 먼저 생각나는 사람을 꼽으라면 보통 가족, 친척, 친구 등 가까이 있는 사람들을 꼽는다. 한 번쯤은 부탁해도 들어줄 만한 사람들을 가장 먼저 생각하는 것이다. 따라서 보험영업을 시작했다면 아는 사람들은 부담을 느끼게 된다. 그런데 문제는 아는 사람에게 거절을 당했을 때이다. 그럴 경우 설계사는 심한 정신적 충격과 자존심의 상처를 입는다.

어떤 설계사는 자신의 지인들을 그물에 걸린 물고기에 비유하기도 한다. 일단 그물에 걸린 물고기부터 잡고 나서 대양으로 나가라고 말이다. 그러나 필자는 오히려 처음부터 개척영업을 하라고 권한다. 영업이야 말로 도전의 산물이라는 생각이 있는데다 기댈 곳이 없다는 절박함으로 마음의 재정비가 가능하기 때문이다. 게다가 개척영업은 성취감이 크다. 게다가 아는 사람들이 거절하면 마음에 큰 상처를 입지만 개척영업은 그러려니 하는 마음에 그렇게 큰 상처를 받지도 않는다.

필자도 맨 처음 보험을 시작할 때 커다란 절벽이 앞을 가로막고 있다는 생각이 들었다. 그래서 아무런 의욕이나 동기가 생기지 않았다. 나름대로 몇 개월을 준비하여 자신 있게 시작한 사람이 이 정도인데 다른 사람들의 현실은 어땠을까. 어쨌든 현실은 그리 만만치가 않았다. 2개월 때까지는 가족 중심으로 갈 수밖에 없었다. 수첩을 뒤지면서 "이 사람은 해주겠지, 저 사람은 해주겠지" 하고 기대를 했지만 막상 명함을 건네기도 전에 아는 사람이 보험영업을 하고 있으며 이미 보험에 가입해 있다는 답변뿐이었다.

그런 사람들에게 무슨 말을 할 수 있단 말인가? 상품의 특성도 잘 모르고 거절 화법도 모르고 속수무책이었다. 심지어 '이 일을 계속해야 하나?'라는 생각까지 드는 심각한 상황에 이르렀다. 물론 그들이 거절하고자 하는 말이라는 것은 확인하지 않고도 알 수 있었다. 그러면서 필자는 '아는 사람보다는 차라리 모르는 사람에게 하는 것이 낫겠구나'라는 생각이 들었다.

그러던 12월의 어느 추운 날 나는 서울에서 좀 떨어진 용인으로 향했다. 그곳에서 어린이 집을 운영하며, 그 지역의 협의회 회장인 분을 만나기로 한 것이다. 사실 그곳은 4년 전 직원들이 감시 카메라를 설치한 거래처였다. 어렵게 방문하여 감시 카메라에 대한 이런저런 말을 하고 마지막에 보험 이야기를 꺼내자 그분은 보험에는 전혀 관심이 없다며 선생님들의 회의가 있다고 서둘러 자리를 피했다.

이곳까지 오느라 기름값은 고사하고 눈길을 헤치고 왔는데 이렇게 돌아간다는 것은 비참함 그 자체를 넘어서는 일이었다. '이제 어떻게 할 것인가?' 하는 고민이 밀려왔다. 회의가 끝날 때를 기다려 다시 한 번 들어가서 대화를 시도해보기로 했다. 마침 준비해간 여러 가지 홍보물을 전하고 가겠다는 생각을 했지만 그 순간 내 자신이 용서되지 않았다.

그분은 회의를 끝내고 돌아와서는 미안했던지 커피 한 잔을 청했다. 그리고 나서 초등학교 친구가 보험을 하고 있어서 모든 보험을 친구에게 의뢰하고 있다고 했다. 그 말을 듣기 전에는 희망이라도 있었지만 그 말을 듣고 나자 더 답답한 마음이 가슴을 짓눌렀다. 그래서 결국은 모든 보험증권을 주시면 일목요연하게 분석하고 정리하여 드리겠노라고 답했다.

그러자 그분도 미안했는지 순순히 그러겠노라고 답했다. 그리고 마침내 세 번째 방문에 개척영업을 통해 처음으로 계약을 하게 되었다. 15년 납입 이십만 원짜리 자녀보험에 가입해 주신 것이다. 얼마나 좋았는지 세상을 다 얻은 것 같았다. 자랑하고 싶은 사람들의 모습이 한순간에 눈앞을 스쳐갔다. 나중에 안 일이지만 그 기쁨이 얼마나 컸던지 과속을 한 줄도 모르고 서울까지 달려 과태료 때문에 아내에게 핀잔을 들어야만 했다. 그뿐 아니라 그분의 소개로 용인에 내려가면 하루에 다 돌 수 없을 만큼의 많은 고객을 확보하게 되었다.

이처럼 고객들은 설계사를 만나면 우선은 거절을 해야 한다는 강박관념에 빠진다. 그리고 거절은 어떤 설계사나 겪는 일이다. 문제는 그러한 거절에 무릎을 꿇을 것이냐, 아니면 이를 이해하고 슬기로운 대처법을 만들 것이냐이다. 모든 소비자는 자신의 결정이 아니라, 영업자들이 찾아와 판매하는 것에 대해 경계심을 느끼게 마련이다.

이러한 거절에 대해 'Yes'를 이끌어내는 것, 그것은 바로 콜럼부스가 신대륙을 발견했을 때 느꼈던 희열감과 경외감에 비유될 수 있다. 운동선수들이 자신의 한계를 넘어섰을 때, 그리고 등반가가 모든 어려움을 뚫고 정상에 올랐을 때, 그리고 탐험가가 모든 환경적 제약을 깨고 새로운 신천지에 도달했을 때 그들의 모습을 한 번이라도 본 사람은 안다. 그들의 얼굴에는 자신감과 벅

찬 감동, 그리고 자신에 대한 깊은 신뢰가 배어나온다.

영업에서도 이는 마찬가지다. 거절이라는 장벽을 넘어서서 새로운 세계인 'Yes 영업'을 해서 성과를 내게 되면 열린이들에게는 새로운 세계가 된다. 그리고 그러한 희열을 경험해본 사람은 계속해서 이를 추구하게 된다. 이를 통해 새로운 세계를 접하고 나면 새로운 세계에 계속 머무르고 싶기 때문이다. 반드시 성과를 따지지 않더라도 당신이 거절을 극복하고 가야 할 이유가 바로 예에 있다.

## 08 고객은 호랑이가 아니다

당신은 영업을 해야 할 고객을 떠올리면 제일 먼저 어떤 생각이 드는가? 거절당할까봐 호랑이 앞에 선 것처럼 떨리는가? 아니면 될 대로 되겠지 또는 아무 생각 없이 그저 담담한가? 그런데 재미있는 것은 필자의 경험으로 볼 때 고객은 항상 아무 생각 없이 그 자리에 있다는 것이다. 고객은 결코 호랑이가 아니다. 이는 매월 마감 때면 쉽게 확인할 수 있다. 가령, 실적을 맞춰야 할 때 어디서 그런 용기가 났는지 고객들에게 전화하는 경우를 보면 그렇다.

그런데 신기한 것은 그 전화 몇 통화로 엄청난 계약이 나온다는 것이다. 과연 그러한 모습 속에서 고객이 호랑이로 여겨지는가. "호랑이에게 물려가도 정신만 차리면 산다"는 옛말이 있다. 자신감과 긍지만 있다면 고객은 무서운 존재가 아니다. 고객은 상대 설계자가 어떻게 보느냐에 따라 전혀 다른 모습으로 나타난다. 즉, 보고 싶은 대로 보이는 것이다.

몇 년 전에 만나면 무섭게 여겨지고 아무리 노력해도 보험에 가입하지 않을 E급 정도의 가망고객을 우연히 만난 적이 있었다. 그분은 필자를 전혀 몰랐지만 나는 그분이 필자가 아는 분이 임대해 있는 건물의 건물주라는 것을 익히 들어서 알고 있었다. 필자도 원래는 내성적인 성격이지만 직업상 어쩔 수 없어 먼저 인사를 드렸다. 인사를 드리자 그분은 매우 당황하며 경계하는 모습이 역력했다.

그 순간 바로 명함을 꺼내 드리면서 "사장님 놀라게 해서 죄송합니다. 저는 △△보험회사에서 근무하는 이성희입니다. 혹시 ㅇㅇ건물의 사장님 되시지요?"라고 물었다. 그러자 그는 어떻게 아느냐고 물었다. 그래서 자초지종을 이야기 한 후 시간을 많이 뺏어 죄송하다며 나중에 찾아뵈면 커피 한 잔 달라는 말을 남겼다.

그러자 그는 "저는 보험에 다 가입해서 볼 일이 없을 겁니다"라고 대꾸를 했다. 그분의 성격이 까칠하고 철저하다는 것은 들어서 이미 알고 있었다. 나는 아무런 목적도 없는 것처럼 그렇게 헤어졌다. 사실 보험에 가입하지 않은 사람이 어디 있겠는가? 보험에 많이 가입한 사람일수록 보험의 필요성과 같이 초기 설명이 필요 없다. 남들이 이미 내 밥까지 대신 해놓은 것이지 않은가? 그 순간부터 그분의 가망고객 급수를 4등급 올려서 A급으로 격상시켰다.

그리고 결론부터 말하자면 그분을 만난 후 4개월 만에 세 개의 상품을 판매했다. 과연 어떻게 그런 일이 가능했을까? 그 후부터 필자는 시간이 날 때마다 그분의 사무실을 의도적으로 방문했다. 물론 계획된 방문이었지만 그 사장님을 만날 기회는 그리 많지 않았다. 그래서 방문했다는 표시로 명함을 그분 책상에 올려놓고 나왔다. 이것 또한 사무실 직원들과 어색함을 줄이는 방법으로 사용한 것이었다. 실상은 1층 주차장을 통해 이미 사장이 없다는 것을 확인하고 방문하는 것이기에 계획대로 진행한 것 뿐이었다.

그렇게 1개월이 지난 어느 날 나는 오전 11시 40분경 그분의 사무실로 향했다. 마침 그때 1층에 그분의 승용차가 있었다. 그분도 어차피 내가 그냥 왔다 갔다 하는 것을 이미 명함을 통해 알고 있었기에 오전 방문임에도 큰 부담은 없어 보였다. 필자가 영업할 때 즐겨 쓰는 방법 중에 하나가 절대로 고객에게 갈 때는 사전에 전화를 하지 않는다는 점이다. 전화를 할 때는 처음 소개 받아 갈 때나 영수증을 전달하러 갈 때 뿐이다. 대부분의 고객은 보험을 하는 것을 안 이상 전화를 하면 바쁘다고 피하기 때문이다. 그들에게 왜 그런 정보를 준단 말인가?

내가 아무리 영업을 잘한다고 해도 고객이 방어 준비를 철저히 하면 보험에 대한 이야기를 꺼내기란 매우 어렵다. 하지만 갑자기 방문하게 되면 거절이나 변명 자체가 단순해지고 어설퍼진다. 상대가 바쁘다고 하면 마침 가까운 곳에 들렀다가 잠시 들른 것이라고 하면 되기 때문에 서로가 편하다.

그때 필자가 던진 한마디가 "사장님 선약이 없으시다면 식사나 하러 가시지요!' 였다. 물론 그가 나와 함께 갈 것이라고는 전혀 생각도 하지 않았다. 그런데 이게 웬일인가? "어디 맛있는 집 아시는데 있나요?"라고 묻는 것이 아닌가. 오히려 그 순간은 내가 더 당황스러웠다. 그러나 이내 순발력을 발휘해 "제가 사드리면 보험가입을 부탁하는 것 같으니 사장님이 사주시겠습니까?"라고 대꾸했다.

그렇게 하여 안내한 곳은 자동차로 5분 거리인 한강 선착장의 선상 식당이었다. 그곳에서 낙곱 전골 2인분을 먹으면서 많은 대화를 나누었다. 나는 의도적으로 그곳에서도 보험에 관해서는 한마디도 꺼내지 않았다. 아마도 그는 내가 언제쯤 보험 이야기로 전환할지 생각하고 있었을 것이다. 만반의 거절 준비를 한 채 말이다. 1시간 정도 식사를 한 후 다음에는 더 좋은 것으로 대접받겠다며 앞서 계산을 마쳤다. 그리고는 사무실까지 바래다드리고는 간단히 인사만 한 후 돌아왔다.

그러고 나서 2시간 후 다시 그분의 사무실을 방문했다. 그 이유는 간단했다. 그는 이미 무장해제를 하고 있을 시간이기 때문이었다. 그 분은 방문 목적을 알 수가 없었을 것이고 알았다고 해도 거절할 수가 없었을 것이다.

"아까는 제가 인사도 제대로 못 드렸습니다. 귀중한 시간을 주셔서 감사했고 많은 것을 배운 시간이었습니다. 다시 온 것은 제가 가진 것이라고는 제 전문분야의 지식밖에 드릴 것이 없는데 얼마 전에 ○○ 보험이 만기가 되었다는 말이 생각났습니다. 제게는 아니더라도 아시는 설계사 분이 계시면 가입할 때 최고의 조건으로 가입하시라고 말씀을 전하기 위해 미진한 업무를 처리하고 다시 왔습니다. ○○ 보험은 선택이 아니라 필수이기 때문입니다. 그리고 나중에 제가 필요하면 그때 연락 주십시오. 그럼 전 이만 가보겠습니다."

이렇게 인사를 마치고 뒤돌아서는 순간, 뒤에서 그렇게도 바라던 소리가 들려왔다. 그렇게 하여 나는 그분의 가족과 회사 직원들을 고객으로 만들었다. 이래도 당신은 고객을 호랑이로 여길 것인가? 설계사가 고객을 호랑이로 여기면, 고객은 설계사를 하이에나쯤으로 여기게 마련이다. 따라서 있는 그대로 고객을 보고 이해하려고 해야 한다.

오늘도 고객은 항상 그 자리에 있다. 고객이 호랑이가 되면 나는 호랑이 밥이 될 가능성이 크다. 이처럼 관점은 사고를, 사고는 철학을 만든다. 고객을 호랑이로 보는 것은 단지 자신이 준비되지 않아서이다. 준비를 철저히 한 사람에게 고객은 나에게 부와 명예를 가져다주는 동반자일 뿐이다.

## 09 자신만의 영업방법으로 흔적을 남겨라

　설계사들이 영업을 하기 위해 준비한 내용들을 보면 보통은 일반적인 상식선을 넘지 않는다. 오래된 주공아파트처럼 전국 어디를 가나 거의 똑같고 단순하다. 이는 고객의 입장에서 볼 때 어느 날 어떤 설계사가 찾아왔다 해도 그 사람을 기억할 수 없다는 것을 의미한다. 이는 결국 기존의 설계사들이 동일한 내용과 동일한 방법으로 큰 차별점이 없는 영업을 해왔다는 것을 반증한다.

　그리고 지금도 여전히 창의성을 가지고 영업을 하는 설계사를 만나기란 매우 어렵다. 그렇다면 그 이유는 무엇일까? 그것은 자신만의 영업방법을 찾지 못한 채 그동안 선배들이 사용했던 영업방법을 그저 벤치마킹해서 사용하다보니 그런 현상이 일어난 것이라고 볼 수 있다. 가령, 과거에는 설문지를 요청하는 것만으로도 많은 성과를 올리기도 했지만 지금은 거의 통하지도 않는 영업방법이 되지 않았는가?

급변하는 세상에서 멈추어 있다는 것은 곧 퇴보다. 빠르게 따라 걷지는 못해도 가는 흉내라도 내야 하는 것이다. 그런 면에서 볼 때 이젠 영업방법도 바꿔야 한다. 최첨단 시대에 적응하려면 둘 중 하나는 반드시 해야만 한다. 아주 오래된 영업방법 즉 보수적인 방법을 적극 활용하거나 시대에 맞는 첨단 기법으로 특출난 자기만의 영업을 준비해야 하는 것이다.

필자가 설계사들의 영업의 준비정도를 분석해 본 결과, 80% 정도의 설계사들은 아무런 개성도 없이 그저 동일한 방법으로 영업을 하는 것을 발견할 수 있었다. 그들은 고객의 입장에서 보면 왔다 갔다고 하더라도 누군지 전혀 알아챌 수가 없다. 영업을 잘 하려면 개성 없는 80%에 포함된 사람이 아니라 개성 있는 20%에 포함되어야만 한다. 그러기 위해서는 반드시 새로운 것을 만들고 실천해야 한다.

그러나 새로운 시도는 그것이 크든 작든 두려울 수밖에 없다. 대다수의 사람들은 어떤 문제가 발생하면 먼저 피하려는 생각부터 한다. 필자도 설계사들에게 닥친 문제를 책으로 활자화시키려고 생각한 것은 오래 전이었다. 하지만 막상 실천에 옮기고자 했을 땐 막막함이 앞섰다. 그러나 시도를 하고 한걸음씩 나아가다 보니 막막함은 아무 것도 아니었다. 그리고 길이 열리기 시작했다.

영업은 창의적인 영역에 위치한 직업이기도 하다. 그리고 그래야만 점점 더 진화된 방법을 창출할 수 있다. 이때 놓치지 말아야 할 중요한 포인트 중 하나가 기억할 수 있도록 흔적을 남겨야 한다는 것이다. 고객과 단 1초를 대면하더라도 말이다. 물론 사람마다 그 영업방법이 다르기에 필자가 이를 구체적으로 설명하기는 어렵다. 하지만 그 해법을 영업인 스스로는 알고 있다.

세상에 신의 영역 말고 인간이 풀지 못할 일은 없다. 창의적인 방법을 사용하면 보험영업은 의외로 쉽다. 모두가 평범 이상의 방법을 찾아보지 않았기에 어렵다고 말하는 것이다. 그러나 조금만 창의적인 방법으로 영업을 하다보면 보험영업이 쉽다는 것은 금새 드러난다. 어떤 사람들은 영업엔 정답이 없다고 말한다. 그런데 이를 돌려서 해석하면 그만큼 기회가 많다는 의미이기도 하다.

필자는 지금껏 자신만의 영업방법으로 한 번이라도 고객을 만나면 80% 이상은 내 고객으로 편입시켜 왔다. 물론 시간 투자가 많고 적음의 차이는 있었다. 다른 설계사들과 차별화를 꾀했던 노력이 적게는 첫 대면의 방법에서 제안서에 이르기까지 다양했다. 그것들이 있었기에 그들은 필자를 기억하고 고객이 된 것이다.

마케팅에서 차별화의 원리라는 것이 있다. 잭 트라우트의 《마케팅 불변의 법칙》이란 책에 등장하는데, 이 책은 마케팅의 원리를 설명하는 데 있어 최고의 텍스트로 여겨지는 책이다. 이 책에서는 말하는 차별화의 원리란 상품의 차별화에 대한 이야기다. 하지만 보험영업을 하는 설계사에게도 유용하다. 설계사 스스로가 차별화의 원리를 이해하고 자신에게 적용시켜 볼 수 있다.

필자는 넓은 대지에 씨를 뿌리는 영업방법을 택했다. 주변 사람들을 선택해 당장 서둘러 거두기보다는 서서히 그리고 많은 곳에서 언제든지 거둘 수 있도록 처음부터 영업 전략을 짰던 것이다. 이 또한 영업에 있어서 필자만의 차별화 전략이었다. 물론 이는 필자의 성격과도 연관성이 깊다. 내성적인 성격 탓에 여기저기 보이는 대로 많은 곳에 본인의 씨앗을 뿌리고 다녔던 것이다. 그런데 재미있는 것은 지금도 그때 뿌린 곳에서 수많은 열매가 맺어져 수익을 가져다준다는 사실이다.

이젠 보험영업에 있어서도 열 번의 발걸음을 세 번으로 줄이고, 그 효과는 20배 이상으로 상승시키는 창의적인 방법이 필요하다. 고객은 설계사들이 비슷한 상품을 모두 똑같은 방식으로 판다면 굳이 내가 아닌 다른 누군가에게 사게 될 것이다. 굳이 고객에게 그 상품을 내가 팔고 싶다면 나를 기억하고, 나에게 구매하고, 나를 추천하고, 나에게 재구매를 하도록 만들어야 한다. 그것이 바로 차별화의 힘이다.

## 10
## 분위기가
## 사람과 성과를 만든다

어떤 분야, 어떤 직업, 어떤 회사든 잘되는 곳을 가보면 그만한 이유가 있다. 대개 그런 곳을 방문해보면 그 특징이 대번에 눈에 들어온다. 그저 추상적으로 '분위기가 이러할 것이다'라고 느꼈던 것이 방문을 함으로써 그 구체적인 프로세스나 현황을 파악하게 되는 것이다.

이는 보험에서도 마찬가지다. 실적이 우수한 지점이나 영업소를 가보면 잘하는 사람들이 자신보다 못하는 사람들을 가르치고 못하는 사람들은 잘하는 사람들의 가르침을 감사히 받는 것을 보게 된다. 화기애애하고 정겨운 모습과 함께 따스한 분위기가 사무실 전체를 지배하고 있는 것이다.

실적 경쟁에서도 이는 마찬가지다. 어느 영업소를 가보면 실제 인원은 얼마 안 되는데, 1인당 실적이 다른 곳의 평균 설계사들 보다 10배 이상이나 되는 곳도 있다. 그 이유는 간단하다. 처음부터 경쟁하는 분위기를 만들었기에 누구든 안하고는 못 배기는 분위기를 가지고 있다. 그러다 보니 당연히 잘하는 사람들이 몰릴 수밖에 없고 하기 싫어도 분위기에 이끌려 하게 되는 것이다. 긍정적인 피드백이 주변 사람들을 전염시키는 것이다.

그러나 이와 반대되는 경우도 있다. 어느 영업소에 가면 전체적인 분위기가 노인들만 앉아 있는 것처럼 축 처져 있는가 하면 인터넷 검색만 하는 사람들만 가득한 영업소도 있다. 소장이나 지점장이 있을 때는 일하는 척하지만, 대체적인 분위기는 업무와 관련된 것이 아니라 개인적인 취향이나 관심사에 몰입되어 있기도 하다. 심지어는 대낮부터 술을 마시기도 하고 전체 마감의 50%를 마지막 날 한꺼번에 하는 곳도 있다.

사실 그런 환경에서 일한다는 것은 한계가 있을 수밖에 없다. 그리고 잘하는 사람이 오히려 시기의 대상이 되기 쉽고, 주변 사람들의 입에 자주 오르내리게 된다. 그렇게 되면 그 영업소나 지점은 주변 사람의 눈치를 살피며 부정적인 피드백이 분위기를 지배하게 된다. 근묵자흑近墨者黑이요, 근주자적近朱者赤이라 했다.

보험영업은 개인사업자와 같이 남의 간섭이나 관리, 통제를 별로 받지 않는다. 그래서 영업 분위기가 대단히 중요하다. 영업소에서 영업을 잘한다고 하는 사람들이 개인사무실을 차려서 나간 사람 중에 성공한 사람이 별로 없는 것을 필자는 종종 보아왔다. 몇 개월 만에 평상시 실적의 30%도 못하고 영업을 그만두는 경우도 많았다.

사람은 대개 나를 알아주는 사람이 있을 때는 무의식중에 그들을 의식하며 열심히 일을 한다. 하지만 혼자 하다 보면 그 대상이 없기 때문에 도전의식이 사라진다. 마치 경쟁자가 없는 마라톤에서는 신기록이 나오지 않는 것과 같은 이치이다. 어항 속의 금붕어처럼 분위기라는 것은 어쩌면 인간에게 있어 필수불가결한 조건인 셈이다.

필자의 사무실의 한 신입 설계사는 매일 출근하자마자 실적 그래프 앞으로 가서 다른 사람들의 실적 현황을 확인하는 것이 첫 번째 일이다. 그는 자신의 실적표를 보면서 자신의 그래프를 가장 높이 올리겠다고 마음 속으로 다짐한다고 한다. 많은 설계사들이 그래프를 별로 의식하지 않는 것 같지만 실상은 그렇지가 않다. 필자가 그래프를 만든 이유도 바로 이러한 동기유발과 경쟁심을 심어주기 위함이었다.

어느 GA법인의 대리점도 필자의 사무실을 모델삼아 그래프를 만들었는데 한두 달이 지나면서부터 특별한 동기도 없는데 실적이 증가했다고 한다. 이처럼 작지만 경쟁이라는 분위기를 조성함으로써 설계사들에게 자발적인 동기부여와 책임감을 동시에 가져다 준 것이다.

필자의 사무실에 와서 일하는 설계사들이 영업을 하고 싶어지게 만드는 지원 시스템과 분위기에 대해 말하는 것을 들을 적이 있었다. 타사의 경력 설계사들이 그동안 근무했던 곳에서는 별로 빛을 발휘하지 못했는데 이곳에 와서는 왠지 모르게 일이 잘

된다는 것이었다. 매일 밤 11시가 넘도록 설계사들의 업무를 지원해주고 수요일과 토요일에는 2시간씩 국내외 모든 보험상품의 장·단점을 비교·분석해주며 영업교육과 화법 등을 교육시키기에 그런 결과가 나오지 않았나 싶다.

그뿐만이 아니다. 동료들의 영업 경험담이나 다양한 경험들을 공유하고 매주 토요일에는 교육을 마친 후 함께 점심을 하면서 두터운 친분도 만들어간다. 계약 후에는 고급 증권철을 만들어 고객에게 지급할 것을 정리하여 제공하기도 한다. 설계사에게 어느 것 한 가지라도 부족함이 없도록 하기 위해서다. 그러기 위해서 많은 고정비용이 수반되는 것은 당연하다. 설계사들이 계약에만 집중하도록 하는 것이 회사의 의무이기 때문이다.

나이트클럽에 가면 점잖은 사람이라도 입구에서부터 어깨가 들썩이고 체육관에 가면 자신도 모르게 목을 좌우로 흔들게 되는 것은 장소가 주는 분위기 때문이다. 이처럼 장소가 가진 분위기는 대단히 중요하다. 영업적 분위기나 동기유발은 영업하는 사람들에게는 매우 중요한 요소다. 그래서 실적 그래프도 만들고 시상도 걸고 실적을 공개하는 것이다.

보험영업을 잘하고 싶다면 수당이나 친인척 등의 연고가 아닌 보험에 대한 열의가 가득한 곳으로 가야 한다. 보험회사의 실적표가 때로는 유치한 듯 보여도 그 그래프가 주는 분위기는 형용할 수 없을 정도로 크다. 오죽하면 분위기가 사람을 만든다고 하지 않는가? 그렇게 본다면 분위기는 성과도 만들 수 있는 셈이다.

성과를 만드는 주체가 다름 아닌 사람이기 때문이다.

　분위기는 어느 한사람이 만드는 것이 아니라 시스템과 소속된 사람들 모두가 만들어 가는 것이다. 어디서 슈퍼맨이 갑자기 뛰어 들어와 분위기를 바꾸는 것이 아니다. 이러한 분위기를 조성하도록 전체적인 업무의 시스템과 그것을 충실히 따르는 사람들 모두의 노력으로 만들어지는 것이다.

　필자는 지인들을 모시고 맛있는 식당을 찾는 데 큰 재미를 느끼곤 한다. 그런데 맛있는 식당은 많은 사람들이 줄을 서서 기다린 후에 먹게 된다. 그때 사람들은 왜 그렇게 열심히 기다리고 있는 것일까? 그 답은 분위기에 있다. 기다린 뒤에 맛볼 수 있는 음식 맛의 가치도 물론 한몫을 하기는 한다.

　하지만 거기서 기다리지 않고 빠져나와 다른 곳으로 갈 엄두가 나지 않는 것은 왜일까? 거기서 기다리지 않으면 안될 것 같은 분위기에 압도되기 때문이다. 주변 사람들 모두가 그래서 불평조차 하지 않는다. 당연히 그래야 하는 곳에서 불평을 한다는 것은 뭔가 모르는 문외한으로 치부되기 때문이다.

　이처럼 분위기라는 것은 의외로 심리적인 지배력과 장악력을 가지고 있다. 그리고 눈에 보이지는 않지만 그것이 가져오는 힘은 대단히 크다. 일을 해나가는 데 있어서도 분위기는 그러한 강력한 힘을 지니고 있다.

The highest peak of sales is the insurance sales!

# chap 04

# 상담에서 50% 먹고 들어가라

01 상담에도 법칙이 있다
02 상담시간은 목숨처럼 지켜라
03 가입을 권하기 전에 보장내용을 설명하라
04 설계는 고객과 현장에서 하라
05 보험료를 빼달라고 하면 빼줘라
06 만기 환급금에 집착하지 않도록 상담하라
07 보상이 좋은 상품인지 반드시 확인하라

he highest peak of sales is the insurance sales!

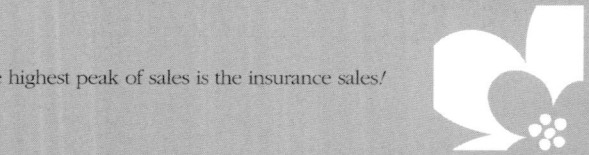

# 01 상담에도 법칙이 있다

보험영업은 상담으로 시작해서 상담으로 끝나는 대표적인 직업이다. 언젠가 필자가 실전 영업교육 중에 이런 이야기를 한 적이 있었다.

"여러분이 제 방에 와서 상담할 때 어떤 점을 느끼셨습니까? 상담 중에 제가 다른 생각을 할 틈을 주던가요? 아니면 여러분이 뭔가 좀 내세우려고 해도 잘 나타낼 수 있던가요? 이곳을 처음 방문한 날 본인과의 상담 결과가 좋았기에 오늘 이 자리에 나오게 된 것 아닙니까?"

그러자 모두가 머리를 끄덕였다. 그렇다면 보험영업에 있어서 상담을 할 때 그 성공법칙은 무엇일까? 이를 세부적으로 설명하면 다음과 같다.

첫째, 심리적 계산을 하라. 평범한 것 같지만 모든 상담에는 사실 고도의 심리적 계산이 내포되어 있게 마련이다. 필자는 때로 처음 온 상담자를 상담실에 놔두고 밖으로 나올 때가 있다. 주로 상담자가 필자의 사무실에 적응할 시간도 없이 곧장 들어왔을 때이거나 다른 동행자가 있을 때다. 이런 경우는 분위기를 잠시라도 익히라고 시간을 주거나 같이 온 사람이 이곳에 대하여 여러 가지 이야기를 해주도록 하려는 의도다.

이처럼 아무런 심리적 계산을 않고 고객과 만나서 상담을 한다면 그 효과가 떨어질 수밖에 없다. 가령, 식사 장소를 정하는 것에서부터 말투나 행동에 이르기까지 모든 것에는 의도된 심리적 계산이 포함되야 한다. 이를 상대가 눈치채서는 물론 곤란하다. 자신만 알고 있고 자신만의 속내로 상대에게 의도된 메시지를 전달해야 하는 것이다.

둘째, 상담을 할 때는 쉽고 재미있게 해야 하며 상대가 대화에 참여할 수 있도록 배려해야 한다. 상투적이거나 일방적인 대화는 신선감이 없는 데다 지루함을 줄 수 있다. 그렇다고 일방적으로 말해서도 안 되지만 할 말이 없어서 상대에게 끌려 다녀서도 안 된다. 그리고 말을 할 때는 매사 똑똑하단 느낌이 들도록 절제된 모습에 가능한 상대방이 가장 집중하기 좋은 시간인 45초 정도의 시간을 지키며 상대에게 질문하는 것도 좋다.

아울러 너무 정색해서도 안 되며 중도에 웃음을 줄 수 있는 화법도 항상 준비하고 있어야 한다. 본론만 가지고 이야기를 이끌어나가다 보면 상대는 금방 질릴 수밖에 없다. 아무리 맛난 음식도 삼시세끼를 먹으면 물리는 법이다. 이럴 때 적절한 유머나 위트로 상대의 긴장을 풀어줄 필요가 있다. 이야기에도 패턴이 있어서 밀고 당기기를 해야 상대가 자신의 말에 더욱 집중하는 법이다.

셋째, 자리에 앉을 때에도 어느 부분에 누가 앉아야 할지 미리 계산해야 한다. 예를 들어 상대가 출입문을 바라보고 마주앉는다면 상담 내내 상대방에게 안정감을 줄 수 없어 성공적인 상담을 할 수가 없다. 가능하면 상대가 출입문이나 복도를 바라볼 수 없도록 자리를 배치하는 것이 좋다.

그리고 보통 상대방과 대화 거리는 원형 테이블 거리, 약 90cm 정도가 적당하다. 목소리 전달이나 입 냄새 등이 잘 전달되지 않는 안정된 거리이기 때문이다. 아울러 상대방과 앉을 때는 가능한 정면을 바라보기 보다는 상대가 시선을 피할 수 있도록 대략 15도 정도로 옆면을 바라보고 앉는 것이 좋다.

넷째, 상대방이 상담을 끝내고 갈 때는 감사의 마음을 느끼도록 엘리베이터나 문밖까지 배웅을 하도록 한다. 고객의 입장에서 보자면 그런 배웅을 받아보지 못했기에 처음에는 약간 어색하기도 하고 부담스럽기도 하겠지만 돌이켜 보면 매우 고맙고 특별하다고 여길 것이다. 엘리베이터를 기다리는 동안을 활용해 간단한 질문이나 못다한 대화를 나눠도 좋다. 더 나아가서 엘리베이터 문이 열리면 버튼을 눌러주고 다시 한 번 인사하는 것도 좋다. 작은 행동이 큰 감동을 주기 때문이다.

이처럼 상담을 성공으로 이끌기 위해서는 의식적으로든 무의식적으로든 많은 준비를 하는 수밖에 없다. 그리고 상담할 때는 자신 있는 목소리로 말해야 하며 가능하면 메모를 하는 것이 좋다. 물론 상담 전에는 상담을 마칠 시간을 미리 정한 후 상담에 임하는 것도 빼놓을 수 없는 좋은 상담법이다.

상담은 사람과 사람이 만나서 나누는 대화이자 교감이다. 이러한 대화와 교감이 제대로 이루어지기 위해서는 여러 가지 필요충분조건들이 필요하다. 이때 무엇보다 가장 좋은 방법은 상담을 하기 위한 시뮬레이션을 스스로 해보는 것이다. 많은 시간이 필요하지도 않다. 고객을 만나러 가면서 머릿속으로 한 번 되뇌어보고 상을 그리면 그것으로 족하다.

당신은 상담할 때 과연 어떤 준비를 하고 상담에 임했는가? 예습을 하지 않고 수업에 들어간 것처럼 상담에 대한 예습은 제대로 했는가? 그리고 예습한대로 실행했는가? 상담에 있어 예습과 복습만 제대로 했다면 최소한 당신의 계약 성공률은 50%정도 올랐을 것이다.

## 02 상담 시간은 목숨처럼 지켜라

고객은 항상 '갑'이라는 입장에서 생각한다. 그러면서 설계사인 '을'의 행동을 주시한다. 그리고 혹시라도 거슬리는 것이 없나 확인한다. 혹시라도 거절할 이유를 찾는 것이다. 그래서 고객과의 대면에서 자신의 습관대로 행동하다 보면 가끔은 아주 사소한 내용으로 인하여 계약을 놓치는 경우가 발생한다. 그 대표적인 것이 바로 약속이다. 약속은 인간이 살아가면서 가장 먼저 지켜야 할 기본적인 의무이다. 우리는 약속을 이야기할 때 대부분 물질에 관계된 약속만을 생각하기가 쉽다.

그러나 물질보다 더 중요한 것은 돈이 들지 않는 약속 즉, 시간적인 약속이다. 물질적인 약속은 업무의 상관관계 때문에 어쩔 수 없이 어길 수도 있지만 시간적인 약속은 본인의 의지만이 좌우하기 때문이다. 영업상 또 한 가지 참고해야 할 것은 누군가와 만나고 나서 그 이후의 시간이 처음 약속시간보다도 더 중요하다는 것이다. 그 시간은 평상시에는 잘 보이지 않는 시간으로 예를 들어 고객을 만나더라도 상호간 신뢰가 생기기 이전까지의 짧은 시간을 말한다. 그렇게 보면 기회의 시간이 오히려 실패의 시간으로 변할 수도 있는 것이다.

고객과 만날 때 이론적으로는 아주 잘 알고 있지만 잘 지켜지지 않는 것 중의 대표적인 것이 바로 약속시간이다. 이는 아주 단순하면서도 간단한 것으로 여겨지지만 의외로 계약을 놓치게 되는 데 있어 아주 큰 영향을 미친다. 영업을 하는 사람에게 있어 약속을 지킨다는 것은 기본 중에 기본에 해당되는 데다, 그 사람에 대한 신뢰를 가지게 되는 잣대로서 그만한 것이 없기 때문이다.

게다가 현대인들은 시간이 돈이라고 말할 정도로 시간관리에 있어 강박관념에 시달리고 있다. 자기계발서 중에서 시간관리에 관한 책이 많은 이유가 거기에 있다. 그런데 하물며 고객을 만나 영업을 하려는 사람이 시간을 어긴다면 고객은 그와 그의 회사를 어떻게 바라볼 것인가? 게다가 기본 중의 기본을 지키지 못하는 사람이 어떤 일을 잘할 수 있다고 믿겠는가?

회사의 업무를 진행하다보면 필자는 문득 어떤 규칙같은 것을 발견하게 된다. 사소한 일을 제대로 지키지 못하는 사람은 큰일도 제대로 하지 못한다는 것이다. "될성부른 나무는 떡잎부터 알아본다"라는 속담이 있지 않은가. 이처럼 일을 하는 데 있어서 "될성부른 나무"에 비유되는 것이 시간엄수다. 시간은 그냥 물리적인 것이 아니라 정신적 의미를 포함하고 있는 셈이다.

또한 시간은 규칙성과 자기관리를 동시에 내포한다. 규칙성이라는 것은 업무흐름의 파악과 자신의 업무에 대한 파악을 통해 반복적이고도 규칙성을 띠는 것을 의미한다. 그래서 시간관리를 잘하는 사람은 업무능력이 뛰어나다. 게다가 시간은 근본적으로 자신을 관리하는 지표이기도 하다. 가령, 스케줄러나 다이어리에 자신의 약속을 챙기는 사람을 보라. 그들은 대개 공과 사에 대한 분명한 시간배분과 자신의 능력을 배양하는 데 지극한 정성을 기울이는 것을 볼 수 있다.

이것과 관련해 필자가 설계사들에게 권하는 것이 있다. 약속을 할 때는 먼저 상대방과 체류할 시간까지도 미리 정하고 만나라는 것이다. 설계사가 찾아와 가장 불편한 때가 언제라고 고객들은 생각할까? 고객들은 언제 갈지 언제 찾아올지 모르는 불확실한 시간이 가장 불편하다고 말한다. 가령, 열심히 하는 모습에 친절하게 대했더니 항상 설계사 혼자 설명하고 보험가입을 강요하거나, 바쁜 일이 있다고 눈치를 주는데도 계속 앉아있는 경우가 그에 해당한다. 물론 영업사원 입장에서는 고객을 만나 영업을 하기가 힘들기에 그렇다고 말하겠지만 사실 고객은 그러한 상황에서 당혹감을 금치 못한다.

그럴 때는 고객에게 지금부터 얼마 정도의 시간을 허락해 줄 수 있는지 미리 묻는 것이 좋다. 고객의 시간적 상황을 모르는 상태에서 고객이 친절하게 대한다고 해서 무작정 시간을 뺏는다면 그 고객은 앞으로 설계사를 만나는 일에 주저할 수밖에 없다. 그리고 마음속에 부담을 가지게 될 것이다.

고객이 당신을 만날 때 부담을 갖지 않는다면 이미 그 사람은 자신의 고객이 된 것이나 다름이 없다. 그리고 추수할 일만 남게 된다. 그리고 이는 자신에게도 아주 유익하다. 아무리 시간이 자유로운 영업인이라고 할지라도 시간에 대한 계획은 대단히 중요하다. 고객과의 시간배분에 대한 판단은 궁극적으로 자신의 업무와 성과에 대한 규정을 가능케 하기 때문이다.

따라서 어느 곳을 가든 체류할 수 있는 시간을 미리 확인하고 약속한 시간이 되면 의도적이라도 나오는 것이 나중을 위해 좋다. 시간에 대한 약속과 배분은 근본적으로 고객에게 신뢰를 줄 수 있다. 고객이 허락한 시간이 3분이면 3분, 10분이면 10분을 정확하게 지킬 때 계약 한 건보다 더 중요한 신뢰를 얻을 수 있다. 대화 중이라도 약속한 시간이 경과하면 과감히 이야기를 정리하고 그 자리를 일어나는 것이 그 자리에 앉아서 설득하는 것보다 더 큰 고객으로 만들 수 있는 지름길이다.

가령 필자는 고객이 "차 한 잔 하겠느냐?"고 물어오면 "아주 뜨거운 커피로 한 잔 부탁드립니다"라고 이야기한다. 그리고 커피가 도착하면 "이 커피 다 마시면 일어나겠습니다"라고 말한다. 그 말을 하는 순간 최소한 5분의 시간이 내게 주어진다. 아주 더운 날인 경우에는 그 말에 고객이 "더운데 웬 뜨거운 커피냐?"고 되묻는 경우가 있다. 그러면 필자는 "차가운 것도 좋지만 뜨거운 커피라야 고객님과 다만 1분이라도 더 이야기할 수 있기 때문에 그렇습니다"라고 대답한다.

그러면 고객은 그 순간부터 마음 문을 활짝 열게 된다. 그리고 그때부터 고객은 고객대로, 설계사는 설계사대로 그 커피의 양을 의식적으로 지켜보게 된다. 물론 상담을 마치고 밖에 나갈 때는 커피를 대접해준 사람에게 "그 커피 최근에 마셔본 커피 중 가장 맛있었습니다"라고 인사하는 것도 잊지 않는다. 또한 "다음에 오면 꼭 두 잔 주십시오"라고 웃으며 강조하면 그것으로 상담의 마무리는 완벽해진다.

이처럼 시간은 우리에게 사람과 사람을 엮어주는 매개체로서 때로는 약이 되기도 하지만, 때로는 독이 되기도 한다. 물론 아주 뛰어난 설계사는 그것을 보약으로 만드는 천부적인 재주가 있음은 두말할 나위가 없다.

# 03 가입을 권하기 전에 보장내용을 설명하라

　정보화 시대에 들어서면서 설계사들의 영업환경은 점점 더 어려워지고 있다. 그 이유는 판매망이 다양해진 데에도 이유가 있지만 무엇보다 고객들이 설계사들보다 더 빠른 속도로 보험지식을 습득하고 있기 때문이다. 그러나 의외로 보험을 업으로 삼고, 오랜 동안 영업을 해온 사람에게 상품내용이나 보장내역 또는 보상문제 등에 관하여 질문해보면 몇 가지를 제외하고는 제대로 답하는 설계사가 드물다.

　예를 들어 암보험도 같은 회사의 설계사들을 모아놓고 보상문제 등을 토론하면 암에 걸렸을 때 얼마를 주는지, 면책기간은 어떠한지, 어떤 암일 때 얼마를 보상해주는지 각각 다른 것을 볼 수 있다. 심지어 단순한 질문 한 가지만 던져도 정답과 오답이 50:50일 정도다. 이런 일을 겪을 때마다 필자는 황당함을 금할 수 없다.

　몇 개월 전에는 어느 보험사 현직 설계사와 고객 한 분이 필자의 사무실을 방문한 적이 있었다. 그 고객은 오래 전에 보험영업을 잠시 했었으나 지금은 조그만 식당을 운영하고 있었다. 하지만 식당 운영이 원활치가 않아 다시 한 번 보험영업을 시작하고 싶어 내방을 했다고 했다. 사무실에서 차를 한잔 마시면서 이런저런 대화를 나누던 중에 그분은 현재 어느 보험사에 몇 개의 보험을 가입해있는데, 자기보다 더 완벽하게 가입한 사람은 없을 것이라고 덧붙였다.

그래서 필자는 가입담보에 대해 제대로 알고 있는지 궁금하여 몇 가지를 질문해보았다. 그때 질문은 뇌졸중과 뇌출혈에 관한 내용이었고 암이 동시에 두 가지가 발견되면 가입한 보험에서 얼마가 나오는지에 대한 것이었다. 너무도 쉬운 질문이었기에 당연한 대답이 나오겠지 했는데, 순간 귀를 의심할 만큼 충격적인 답변이 그의 입에서 나오는 것이었다. 그 내용인즉 뇌출혈은 뇌졸중보다 더 좋은 것이며 위암과 간암이 동시에 걸리면 암 진단금이 2천만 원이라고 할 때 4천만 원이 나온다는 것이었다.

혹시나 그 대답을 잘못 들었는지 의심스러워 함께 동행한 설계사에게 고개를 돌렸더니 그 설계사도 묵묵히 머리를 끄덕이고 있었다. 그래서 다시 한 번 질문했더니 그 분은 과거에 보험영업을 했다는 것을 강조하며 현재의 담당 설계사는 자기와 벌써 20년째 거래를 하고 있다고 덧붙였다. 게다가 자신이 새로 가입한 상품이 많은 것을 보장해준다며 가족을 포함하여 많은 사람에게 소개까지 했다고 했다.

이를 듣고 필자는 "아마 뭔가를 잘못 알고 계신 것 같습니다. 왜냐하면 무슨 일이 있어도 그런 담보는 만들 수가 없기 때문입니다"라고 말을 했다. 그랬더니 그는 자리에서 벌떡 일어나 그 설계사가 그 보험사에서 가장 유명한 사람인데 그 사람이 자기에게 틀리게 설명했겠느냐며 기분이 나쁘다는 표정으로 필자를 내려다 보았다.

그래도 혹시나 하여 필자는 "고액 암이 걸렸을 때 암 진단금과 고액암 진단금이 동시에 나가는 것을 가지고 위암과 간암이 동시에 걸린 것으로 혼동한 것은 아닙니까?"라고 했더니 자신도 보험을 해봤는데 그런 것도 모르겠냐며 그 정도는 누구나 구별할 줄 안다면서 자기를 무시한다면서 함께 온 설계사에게 기분이 매우 나쁘다며 나가자고 했다. 필자는 이곳까지 방문한 분이기에 조용한 말로 "그 담당 설계사에게 전화로 다시 한 번 확인해 보십시오"라고 했더니 즉시 전화통화를 하면서 이런저런 내용을 설명받기 시작했다.

그러자 그쪽 설계사는 방금 전에 말했던 그 고객의 말처럼 보상이 다 된다고 단정을 내리는 것이 아닌가. 참으로 어이없고 틀려도 소신으로 밀어붙이는 대단한 설계사인 것만은 분명했다. 그 담당 설계사와 통화를 마치고는 더욱 기세등등해진 그 사람은 필자가 보험사 상품도 제대로 모르면서 그런 말을 한다며 혈압을 올릴 때까지 올리면서 함께 온 설계사에게 가자고 했다. 이 상황에선 별다른 도리가 없을 것 같았다.

결국 필자는 그분을 모시고 온 설계사에게 양해를 구하고 그 상품을 만든 회사의 상품개발실로 전화를 했다. 그리고는 그 고객을 바꿔주었다. 그런데 불과 몇 초도 지나지 않아 그 고객은 갑자기 조용해지더니 얼굴색이 창백해졌다. 그리고는 안절부절 못하는 것이었다. 필자는 그분에게 잠시 자리에 앉으라고 권한 후에 흥분을 자제하라고 한 후 그렇게 보상이 지급될 수 없는 이유를 자세히 설명했다.

"만약 고객님이 말한 대로 동시에 두 가지를 지급하게 된다면 사회적으로 많은 문제가 발생할 수가 있습니다. 만약 배우자가 암이 걸렸다고 한다면 정상적인 가정에서는 치료를 하기 위해 최선의 노력을 다하겠지만 만약 배우자가 보기 싫거나 돈이 무척 필요한 사람이라면 암을 그대로 방치하여 다른 장기로 전이시키지 않겠습니까?"

그러고 나서 어떤 일이 있어도 그런 일은 없다고 말하자 그 분은 가방을 챙기더니 창백한 모습으로 허둥대며 자리에서 일어나 대충 인사만 하고 사무실을 나가는 것이었다. 이처럼 설계사의 잘못된 지식 전달 하나가 한 가정에서 어떤 일을 만들지는 아무도 알 수가 없다. 나중에 그 고객과 그 설계사의 해결 방법쯤은 짐작으로도 알 수 있을 것이다.

설계사는 항상 공부를 해야 한다. 자녀들에게만 공부하라고 훈계할 것이 아니라 본인이 먼저 공부를 해야 하는 것이다. 자신이 판매하는 보험상품도 알아야하지만 타사의 상품도 어느 정도는 알고 있어야 한다. 능력 있는 설계사라면 어느 보험을 판매하든지 최소 3년이 경과하기까지 어느 설계사에게도 침범당하지 않을 정도의 보장담보를 준비해야 한다.

필자는 가끔 불도저와 같은 설계사들을 만나다보면 상품내용도 모르고 어떻게 보험을 판매하는지 궁금할 때가 있다. 정말 대단한 분들이라는 표현밖엔 다른 표현 방법이 없다. 당신은 혹시 내 회사 상품의 담보 부족으로 고객에게 불이익이 돌아가지 않을까 걱정을 해 본 적이 있는가? 아니면 나보다 더 똑똑한 고객을 만날까봐 두렵다는 생각을 한 적이 있는가? 앞으로는 고객이 자필로 서명하고 완전판매를 해도 부끄럽지 않은 상품을 권하는 설계사가 되길 바란다.

그리고 그것이 고객을 위한 진정한 직업의식인 것을 잊어서는 안 된다. 고객은 설계사만을 믿고 가정 수익의 상당 부분을 절약하여 위험으로부터 보장을 받자고 가입을 한다. 하지만 설계사가 자신의 성과만을 추구한다면 그것은 분명 잘못된 일이다.

## 04
## 설계는
## 고객과 현장에서 하라

보험영업은 시간적, 물질적으로 굉장히 자유로워 보이는 직업이다. 그리고 대부분의 설계사들조차도 그렇게 여긴다. 그러다 보니 오히려 영업시간과 영업비용을 능률적으로 활용하지 못하는 경향이 있다. 그로 인해서 시간과 영업비용 측면에서 많은 손실이 발생하는데, 대개는 그런 손실조차도 파악하지 못하고 지나치는 경우가 많다. 눈앞에 보이는 계약만을 바라볼 뿐 그 계약을 이루기 위한 내재적이면서도 부수적인 지출이나 비용 등은 별로 계산을 하지 않기 때문이다.

당신은 단 한 번이라도 진지하게 시간적, 물질적 비용을 계산해본 적이 있는가? 십만 원짜리 계약을 받기 위해 어느 정도의 시간적, 물질적 비용이 들어갔는지 한 번쯤 계산을 해봤다면 그 결과에 놀라지 않을 수 없을 것이다. 제조업에서는 대개 원자재를 구매하여 상품으로 제조, 판매할 때 어느 정도의 이익을 남길지 미리 계산하고 그 판매가격을 정한다.

그러나 보험영업은 전형적으로 무형의 상품을 판매하는 영업방법이다. 그래서 대개 자신이 받을 수당만 생각할 뿐 그 수당을 받기 위한 시간적, 물질적 비용은 계산하려 하지 않는다. 수당을 받고도 실제로는 적자에 허덕이는 이유가 거기에 있다.

예를 들어 한 건의 계약을 하기 위한 소요비용이 대략 어느 정도 되는지 계산해보자. 계약을 한 건 하기 위한 기본적인 소요경비 내역을 대략적으로 정리해보면 다음과 같다. 우선 기본적인 조건들은 다음과 같이 정했다.

1. 버스나 전철, 자가용을 이용하여 갔을 때를 평균적으로 감안하여 1회 왕복 경비 4,000원을 기준으로 하였으며, 평균적으로 계약을 받는 데 있어 5회 방문을 기본으로 삼았다.

2. 소요시간은 거리의 멀고 짧음을 구분하지 않고 방문을 준비하는 시간과 방문지에 도착하여 기다리는 시간까지 합쳐 왕복 2시간에 상담시간 1시간을 합쳐 3시간을 기본으로 정했다. 그리고 설계사의 평균 급여를 300만 원으로 가정해서 300만 원 나누기 한 달(30일)로 해서 일당을 10만 원으로 잡았으며 오전 9시부터 오후 7시까지 일한 것으로 감안해 시간당으로는 1만 원으로 잡았다.

3. 영업 정서상 고객을 방문할 때마다 빈손으로 방문할 수 없기에 처음 방문할 때와 계약 후에만 선물을 지급하는 것으로 감안해 2회에 1만 원이 소요되는 것으로 감안했다.

그리고 그에 따른 시간적, 물질적 영업비용의 총액은 다음과 같다.

1. **교통비**: 1회 4천 원 × 5회 = 20,000원
2. **소요시간**: 1시간 10,000원 × 1회 3시간 × 5회 = 150,000원
3. **선물**: 초회 방문 5천 원 + 계약 후 방문 5,000원 = 10,000원

총합계 : 180,000원

그러나 방문할 때마다 계약이 이루어지지 않는다면 이 영업비용은 오히려 더 늘어난다. 그렇게 봤을 때 이러한 비용 계산을 하지 않고 영업을 한다면 영업을 하지 않는 것이 오히려 더 나을 수도 있다는 말이다. 따라서 영업을 하려면 최소의 비용으로 최대의 성과를 만드는 일에 매진해야 한다. 이는 경제생활을 하는 기본적 원칙에 속한다.

위 내용에 대해 일부는 부인할지도 모르지만 대체로 평균적인 계약조건을 전제로 했기 때문에 영업하는 사람이라면 실제로는 그 비용이 몇 배나 더 들어간다는 것에 누구나 공감할 것이다. 다음의 영업 프로세스는 영업하는 사람이라면 일상적으로 경험하

는 내용이겠지만 준비 없이 영업하는 것이 얼마나 무모한지 알려준다.

1회째. 어느 고객에게 방문했다가 가입 설계서를 뽑아달라고 하여 기분 좋은 마음에 사무실로 돌아왔다.

2회째. 고객의 요청대로 가입설계서를 뽑아서 며칠 뒤 다시 고객을 방문했다. 다른 보험사에 암 담보가 있어 이는 빼고 만기 환급율도 어느 정도 되는지 부탁해서 기쁜 마음에 사무실로 돌아왔다.

3회째. 고객의 요청대로 암 담보를 빼고 고객을 방문했는데 이번에는 소멸성이면 얼마이고 만기에 100% 환급을 받으려면 어느 정도 되는지 알고 싶다고 하여 어쩔 수 없이 다시 사무실로 돌아왔다.

4회째. 두 가지 조건대로 담보를 뽑아서 약속한 날 방문했는데 남편이 방금 전에 나갔다며 남편과 상의한 후 어느 것으로 가입할지 알아보고 연락을 주겠다고 했다. 혹시나 하는 마음도 있었지만 거절하지 않은 것만으로도 감사한 마음에 한숨을 쉬며 돌아왔다.

5회째. 계약을 하겠다고 해서 청약서를 뽑아 방문했는데 남편에게 갑자기 일이 생겨 언제 들어올지 모르는데 기다리겠냐고 한다. 그래서 내일 다시 오겠다고 말하고는 부인의 서명만 받아서 돌아올 수밖에 없었다.

6회째. 남편이 서명을 했는지 확인한 후 서류를 받아 돌아왔다.

7회째. 증권이 나와서 청약서 등을 지급하고자 마지막 방문을 해서 계약을 마쳤다.

이 내용을 보면 너무도 일상적인 일이 아니냐고 대개 말할 것이다. 그런 계약이라면 백 번 천 번이라도 할 수 있다고 부러워하는 사람도 있을 것이다. 그런 사람들은 이런 영업환경에 익숙해져 있기 때문에 계약상 특별한 문제가 없다고 말하는 것이다. 단지 오늘도 계약 한 건을 했다는 마음만 가슴에 남아있을 뿐 그 외의 생각은 없기 때문이다.

그런데 세밀하게 그 영업내용을 분석해 보면 꼭 그렇게만 해야만 계약을 받을 수 있는지 또는 그 외의 방법은 없는지 생각해 보지 않을 수가 없다. 위에서 계산한대로 왕복 교통비와 소요시간 등 꼭 필요하지 않은 영업적 누수시간이 너무도 많다는 점에 주목해야 한다. 보이지 않는 영업적 비용이 너무도 많이 들어간 것이다.

그렇다면 어떻게 해야 하는 것일까? 그중 가장 좋은 방법은 고객을 방문했을 때 고객이 원하는 대로 즉석에서 설계하는 것이 가장 좋은 방법이다. 현장에서 청약서를 발행하여 서명까지 받는다면 모든 면에서 만사 OK다. 설계사 입장에서는 계약을 받을 수 있는 시간과 비용이 절약되고 고객은 직접 설계를 하기 때문에 쉽게 해지를 하지 않는다.

이 방법은 필자가 가장 좋아 하는 방법으로 설계사들에게 적극 추천하는 방법이다. 대부분 고객은 처음에는 최저 금액으로 가입하려 하지만 스스로가 설계할 때는 보험료가 10만 원 이상으로 올라가는 것이 보통이기 때문이다. "후유 장애를 천만 원으로 할까요?" 아니면 "2억으로 할까요?" 하면 천만 원으로 하는 사람은 없다.

더욱 재미있는 것은 부부가 함께 가입할 때다. 다른 담보는 대부분 일치하는데 사망담보 부분에서는 서로가 상대방의 사망보험금은 높이고 자신의 것은 최소로 요구한다. 따라서 모든 보험사는 인터넷으로도 어디서든지 청약서를 출력 할 수 있도록 조치를 취해야 한다. 그렇지 않으면 그 많은 영업비용을 설계사가 고스란히 떠안아야 하기 때문이다.

최근 필자는 많은 고객들을 관리하기 어려운 점을 감안해 원격으로 계약하는 것이 늘었다. 영업시간도 절약되고 전국의 고객을 다 만날 수 있는 탁월한 방법이다. 그리고 고객이 직접 청약을 한데다 보험사 전산 활용을 처음 해보았다는 재미에 주변 사람들에게 추천도 많이 한다. 이제 당신도 가능하면 설계는 현장에서 고객과 함께 하기를 바란다.

## 05 보험료를 빼달라고 하면 빼줘라

설계사들과 상담을 하면서 영업활동 중에 가장 힘든 부분이 무엇이냐고 물으면, 대부분은 고객이 보험료를 빼달라는 것을 지적한다. 아마 실적 앞에서 대개의 설계사들은 별다른 도리가 없을 것이다. 그러나 고객이 원한다고 다 들어준다면 설계사는 무슨 재미로 영업을 할 것인가? 그런 고객은 대개 다른 사람을 소개해주겠다는 것을 핑계 삼아 요구하지만 실제로 소개를 해주는 사람을 별로 본 적이 없다.

필자는 아직까지 고객에게 보험료를 빼준 기억은 없지만 빼주겠다는 약속은 수없이 했다. 단지 빼주겠다는 시점이 일반 설계사들과 다를 뿐이었다. 대부분의 설계사들은 첫 회분을 빼주겠다고 하지만 필자는 20년 납입이면 20년째 마지막 납입분에 대하여 빼주겠다고 약속을 할 뿐이다. 수금률에 영향을 미치는 월 차수도 지나지 않았는데 미리 빼주고 계약이 지속적으로 유지되지 않는다면 어떻게 할 것인가? 고객에게 그 돈을 돌려달라고 할 수는 없을 것이다.

그래도 선납을 요구할 때는 필자가 대납한 후 한두 달 안에 보상사례가 발생한다면 그 보상금을 내게 주겠냐고 묻는다. 별도의 계약서에 조건을 명시하겠다고 말하면 대부분의 고객은 망설이게 된다. 혹은 사고가 나서 실사를 했을 때 필자의 통장에서 첫 회분이 입금되었다는 것을 확인하게 되면 고객이 불이익을 받을 수 있다고도 말한다. 왜냐하면 이러한 대납이 실제로 존재하기 때문이다.

다음은 실제로 있었던 일화이다. 필자가 알고 있는 한 남자 설계사는 국내 보험사에 근무하는 설계사였다. 그는 사교성도 있고 영업도 잘해서 보통 이상의 수익을 올리고 있었는데 어느 날 갑자기 시내버스 회사에 취직을 했다는 전화가 왔다. 그래서 궁금한 생각에 점심식사를 하면서 보험영업을 그만둔 사연을 듣게 되었다. 그가 보험영업을 그만둔 이유는 다음과 같았다.

그는 아는 분의 소개로 어떤 분의 운전자 보험을 가입해 주었다고 했다. 그런데 소개해준 분이 말하기를 돈도 많은 분이고 첫 회분은 알아서 해주라고 해서 자신의 통장에서 첫 회분을 대납해 주고 계약을 체결했다고 했다. 그런데 문제는 그 고객이 보험에 가입한 17일 만에 한탄강에 가서 수영 도중 물에 빠져 숨진 것이었다. 사망에 관련된 보험가입 보장은 상해사망 1억 원이었다.

정상적으로는 보험회사에서 당연히 보상을 해줘야 마땅했지만 문제는 사고조사 후 보험료가 설계사의 통장에서 이체된 것을 핑계 삼아 보험회사에서 끈질기게 이의를 제기한 것이었다. 보험회사에서는 설계사에게 대납한 것을 반강제적으로 시인하라고 요구하였고 설계사는 고객의 돈을 현금으로 받아 대신 이체했다고 변명하는 사태에 이르렀다. 결국 그에게는 영업정지 2년이라는 중징계가 내려졌고 그로 인해 그 설계사는 보험영업을 그만두었다는 것이었다.

어쩌면 이는 설계사들에게 빈번하게 일어날 수 있는 일이다. 수많은 설계사들은 보험료 중 첫 회분을 대납하는 것을 무슨 불문율처럼 여긴다. 실적 앞에서 그저 당당할 수 없는 것이 설계사의 현실이라고 여기기 때문이다. 그러나 반드시 그런 것만은 아니다. 이를 거절하는 방법은 무궁무진하다.

그중 필자가 즐겨 쓰는 또 다른 방법이 있다. 24개월이 지날 때쯤 잊지 않고 "벌써 보험을 가입한지 2년이 지났군요!"라고 하면서 맛있는 스테이크로 식사 한 끼를 대접해주고 새로운 고객을 소개받는 방법이 그것이다. 황당무계한 것 같지만 고객과 계속적인 관계를 맺어만 간다면 그보다 더 좋은 방법은 없다. 그 외에도 시장에서 판매하는 물건도 아니고 수당이 얼마나 남는다고 빼주면서 영업을 하냐고 역공하는 방법도 있다. 혹은 24개월까지 유지하지 않으면 받은 수당을 환수해주겠냐고 역으로 말하는 것도 한 가지 방법이다.

처음에도 말했듯이 본인은 아직까지 보험에 가입하면서 보험료를 빼준 기억이 없다. 오히려 계약할 때 "감사합니다"가 아니라 "축하합니다"라는 말과 함께 좋은 보험을 소개했으니 밥 한 끼 사라고 말하는 편이다. 그래도 지나치기 어려운 사람에게는 2천 원 정도 되는 양말 한 켤레를 선물하는 것을 최고의 대접으로 생각한다. 이것도 고맙고 저것도 고마워 일일이 선물을 하고자 한다면 영업수당으로는 감당할 수 없기 때문이다.

앞에서도 언급했지만 설계사는 고객에게 부탁하는 사람이 아니라 전문지식을 파는 사람이다. 고객에게 적절하면서도 보장이 좋은 보험에 가입하도록 하는 일이 설계사의 몫이다. 조삼모사朝三暮四의 유혹에 이끌려 큰 그림에 먹칠을 하지 않아야 할 일이다.

# 06 만기 환급금에 집착하지 않도록 하라

보험의 목적은 여러 가지가 있다. 그 중에서 가장 큰 보험의 목적은 위험으로부터 자신과 가족이 보장을 받는 것이다. 그러나 많은 사람들은 보험이 주는 그 가치보다 만기환급금에 집착하는 경향이 있다. 많은 사람들이 가입 설계서를 뽑아다 주면 보장 내용을 확인하기 보다는 만기에 몇 %를 찾을 수 있는지부터 묻는다. 물론 설계사나 보험회사 입장에서 볼 때 월납 보험료가 높아지면 싫어할 이유는 없다.

하지만 위험에 대한 재무 전문가인 설계사의 입장에서 그 문제를 그냥 편리한 대로 생각하고 지나친다는 것은 직무유기에 해당한다고 볼 수 있다. 고객에게 보험에 대한 모든 것을 알려주는 것은 너무도 당연한 일이기 때문이다. 고객에게 한순간은 불쾌할 수 있지만 나중에 얻는 것이 더 많다면 이를 추천해야 하는 것이다.

국내 보험사의 상품은 보험료의 배분이 대개 보장 부분과 적립금 즉, 중도 및 만기환급의 내용으로 나누어져 있다. 어떤 사람이 몇 만 원의 보험료를 2개월째 불입하고 사고로 3억 원을 받는 일이 생긴다면 그것은 매우 당연하게 생각한다. 그러나 만기까지 불입한 돈에 대해서는 "전액 돌려줘야 한다"라고 말을 한다면 당신은 어떻게 생각하는가?

필자가 영업을 하면서 대부분의 고객이 위의 내용처럼 요구하지는 않았지만 아직까지 우리 정서에는 어느 것 하나 손해를 보지 않으려는 사고가 있다는 것을 느꼈다. 그런데 문제는 설계사에게도 있었다. 고객에게 계약을 받을 생각만 하지 말고 그 보험료가 어떻게 운영, 유지되는지 알려 준다면 그런 문제는 쉽게 줄일 수 있었을 것이다. 가령, 그들에게 보험회사나 설계사는 무슨 돈으로 운영되고 생활할 수 있는지 역으로 질문만 했어도 이 문제는 해결되었을 것이다.

그러나 한편으로 이 모든 것들은 고객들이 먼저 원했다고 보기 보다는 과거부터 보험회사나 설계사들이 만들어낸 결과물이라고 볼 수 있다. 보험의 역사가 다른 선진국들에 비해 짧다보니 초기에는 보험가입을 권유하면 "재수 없이 빨리 죽으라고 하느냐"와 같은 박대도 받았다고 한다. 그 속에서 생명보험은 종신이나 교육보험으로 초기에 시작해 사망하지 않더라도 만기에 본인이 낸 돈 중 일부를 돌려주다 보니 아직까지 그런 현상이 남아있는 것이다.

그 영향이 얼마나 컸으면 외국 보험사의 주력 상품인 소멸성 보험은 쳐다보지도 않았겠는가. 그래서 그들은 우리만의 방식인 혈연, 지연 등으로 구성된 설계사 조직을 만들 수가 없다는 판단 아래 차별화 전략을 시도했다. 아줌마 부대를 조직할 수 없다면 젊은 대졸자 남자들로 만들어진 엘리트 조직을 영업사원으로 구성하여 그들만의 규칙을 만들어가기에 이르렀다. 그 대신 그 영업사원들에겐 선진화된 영업기법을 전수하고 체계화된 교육과 해외연수 등과 같은 한 차원 높은 전략을 제공했다.

그들은 주로 기업의 오너와 같은 사람들을 상대로 노트북과 첨단 프레젠테이션 판매기법 등으로 고급화된 영업을 해나갔다. 그리고 마침내 아줌마 부대와는 전혀 차원이 다른 일당 백의 신화를 만들어가며 고속 성장을 했던 것이다. 그런 영향 때문에 지금도 외국 보험사의 상품은 100% 소멸성 보험이라도 이의를 제기하지 않지만 국내보험은 만기환급금부터 확인하는 것이다.

국내 보험의 역사는 60년이 조금 넘었지만 이것이 본격적으로 대중화되기 시작한 것은 얼마 되지 않았다. 그렇기에 보장기간도 5년, 10년, 15년 정도 밖에 안 되는 상품이 주류를 이뤘고 그런 상품의 특성상 만기가 되면 환급할 수밖에 없는 구조였던 것이다. 아마 그 당시에는 소멸성 상품이 있었다 해도 환급금이 적은데다 국민 정서상 판매가 어려웠을 것이다.

그런데 재미있는 것은 우리나라 사람들이 보험에 대해서 여전히 명확한 이론 정립을 하지 못하고 있다는 것이다. 자동차보험의 경우에는 1년 단위로 가입을 하지만 사고가 나지 않았다고 그

동안 낸 보험료를 돌려달라는 사람은 없다. 더욱이 무사고 운전으로 할인할증 혜택이 더 이상 떨어지지 않을 때는 보험사가 보험가입을 거절해도 뭐라고 말하는 사람이 없다는 것이다. 그러면서도 정작 장기보험에서 만기에 납입한 모든 돈을 전액 돌려달라는 것은 앞뒤가 맞지가 않은 논리다.

누구나 알고 있듯이 보험이란 불시에 덮쳐오는 사고를 예방하는 것이 아니라 사고 후에 오는 사건을 예방하는 것이다. 그러나 많은 사람들은 보험이 주는 순기능 보다는 내가 낸 돈은 절대로 손해 보면 안 된다는 고정관념에 사로잡혀 있다. 그래서 만기가 되면 그동안 납입한 보험료 전부를 다 받아야만 한다는 인식을 벗어버리지 못하는 것이다.

실제로 환급 문제를 집중분석해 보면 이는 고객에게 매우 불리하다는 것을 알 수 있다. 차라리 그 보장되는 부분 외에 연금이나 별도의 저축을 하는 편이 고객에게는 훨씬 유리하다. 예를 들어 40세의 고객이 종신보험이나 100세 만기로 보험에 가입했다고 가정해보자. 종신보험은 말 그대로 일생을 마칠 때까지 가입한 보험이기에 피보험자가 특약을 포함하여 나이를 불문하고 사망 시 약정한 금액이 나오는 보험이다.

그러나 많은 고객들은 종신보험일지라도 만기가 되면 그동안 납입한 모든 돈을 돌려준다고 생각하고 있다. 죽어야 보장이 끝나는 즉, 보장만기가 없는데도 말이다. 종신보험 중에는 고객이 원한다면 연금으로 전환되는 상품이 있는데 고객은 혼동하여 그 상품 하나만으로 연금도 되고 사망했을 때에는 보장도 받을 수 있다고 생각한다.

따라서 고객을 위해 존재하는 설계사는 그런 사실을 명확하게 설명하여 보험은 최소 금액으로 불입하게 하고 남는 돈은 적금이나 연금, 펀드, 변액보험 등으로 전환시켜주는 것이 좋다. 월 납입 보험료가 많으면 해지할 확률도 높다. 생활이 어려우면 가장 먼저 손을 대는 부분이 보험이기 때문이다.

## 07 보장이 좋은 상품인지 반드시 확인하라

보험회사의 입장에서 보면 설계사나 최종 고객은 모두 고객이다. 그렇다면 고객의 입장에서 봤을 때 어떤 보험이 좋은 보험이라고 생각하는가? 혹시 한 번이라도 이에 대해 진지하게 생각해본 적이 있는가? 그리고 당신은 근무하는 회사의 상품이 보험사 중 가장 좋은 상품이라고 믿고 판매하는가? 아니면 좋은 상품이 아닌 것을 알면서도 그냥 실적 때문에 판매하고 있는가?

당신은 어떤 이유로 현재의 보험회사에서 근무를 시작했는가? 누군가에 이끌려 시작했는가? 아니면 스스로 원해서 영업을 시작했는가? 고객과 상담을 하거나 증권분석을 통해 혹은 다른 매체를 통해 다른 보험사의 더 좋은 상품을 알게 되었을 때 당신은 자사의 상품을 제쳐두고 고객이 더 좋은 상품에 가입하도록 도와준 적이 있는가? 아니면 자사 상품이 타사 상품보다 부족한데도 어쩔 수 없이 판매하고 있는가? 당신은 어느 쪽인가?

만약 고객이 동일한 보험료로 좀 더 좋은 보험을 당신에게 추천받지 못했다면 어떻게 생각할까? 몰랐을 때는 그냥 지나가겠지만 이를 알게 된다면 그리 기분이 좋지는 않을 것이다. 그렇다면 왜 좋은 것을 알면서도 행동으로 옮기지 못하는 것일까? 고객의 입장이 아니라 내 입장에서 설계를 하기 때문이다. 즉 자신의 실적에 너무 집중하는 경향 때문인 것이다. 그렇게 되면 나를 믿고 의뢰했던 한 가정을 위험으로부터 보호해주는 것이 아니라 더 큰 불행으로 인도하는 것이다.

혹시라도 다음과 같은 핑계를 대면서 영업을 하고 있는지 스스로 자문해보기 바란다.

- 각 회사별로 담보차이가 별로 없어서~
- 저희 상품이 부족한 것은 알지만 수당 때문에~
- 다른 보험사에 넣으면 사고 청구 등을 확인할 수가 없어서~
- 영업도 잘 못하는데 팔면 얼마나 판다고 귀찮아서~
- 다들 그렇게 하니까~
- 뭐 그렇게 까지 꼭 해야~

자신을 위해 변명을 하자면 물론 수 없이 많은 이유가 존재할 것이다. 그러나 진정 고객을 생각하는 설계사라면 모든 기준을 자신이 아닌 고객에게 맞춰서 생각해야 한다. 그럴 때에야 비로소 회사도 좀 더 좋은 보험을 출시할 수 있으며 평생 보험영업을 해도 민원을 받지 않고 보람도 느끼게 된다.

그렇다면 설계사나 고객의 입장에서 볼 때 과연 어떤 보험사가 좋은 보험사라고 할 수 있을까? 그에 대한 정답은 보장이 좋은 담보를 많이 내놓는 회사가 좋은 보험회사다. 아직까지 국내에서 보험사가 문을 닫아 보장을 못 받은 경우는 없었다. 그리고 인수·합병이 되어도 그 보장은 대개 승계할 것이다. 따라서 보험료가 저렴하면서도 한 증권에 모든 보험사의 장점만을 모아서 가입할 수 있는 보험이 가장 좋은 보험이라고 할 수 있다.

그런데 보험회사는 왜 그런 상품만을 만들어 판매하지 못하는 것일까? 그 이유는 이론상으로는 가능하지만 실제로 그런 상품을 판매한 보험회사는 얼마 못 가서 문을 닫을 수밖에 없기 때문이다. 현재 국내 보험시장의 규정으로 보면 대부분의 설계사들은 다른 상품이 아무리 좋아도 본인이 속한 회사의 상품밖에는 판매하지 못한다.

그러나 2008년 8월부터 생명보험사와 손해보험사 간의 교차판매로 설계사가 좀 더 다양한 회사의 상품을 취급할 수 있는 길이 열렸다. 최근에는 GA상품 즉, 보험총괄 대리점에서 각 사의 모든 보험상품을 취급하게 되어서 총괄법인에 사용인 등록만 했다면 각 보험사 별로 장점을 가진 상품만을 골라 고객에게 판매할 수 있게 되었다. 판매의 길이 좁은 2차선에서 넓은 8차선으로 바뀌는 빅뱅이 일어난 것이다. 그리고 머지않아 현재의 판매방식이 아니라 보험 백화점과 같은 판매 주식회사의 형태로 전환될 것이다.

그렇다면 설계사는 고객을 위해 어떤 상품을 추천해야 할까? 내 회사 상품이 아니어서 소득이 발생하지 않더라도 고객에게 맞는 가장 좋은 상품을 안내해야 한다. 이는 영업을 하는 첫째 목적이 내 수익이 먼저라는 것을 부인하자는 것이 아니다. 단지 영업적 논리를 따지기 전에 고객의 입장에서 보장이 좋은 상품을 추천해야 한다는 것이다. 왜냐하면 보험의 최종 소비자인 고객은 그저 나만을 믿고 의지하기 때문이다.

고객은 자신의 일정한 수입을 가정의 미래를 위해 전문가라고 인식하는 설계사에게 의탁한다. 그런데 설계사가 자사의 실적과 자신의 수익만을 위해 좋지 않은 상품을 권한다면 그것은 나를 믿은 고객에 대한 배신이 된다. 그리고 고객이 그것을 모를 것 같지만 언젠가는 알게 된다.

그동안 보험회사들은 상품내용보다는 합법적인 사업비를 들여 각종 TV나 언론 등을 통한 다양한 광고로 브랜드를 만들어 가는데 주저하지 않았다. 그리고 도심 가장 좋은 위치에 사무실을 구입하거나 임차해서 호화롭게 꾸며 놓고 사용했다. 다시 말해 내실보다는 외양을 중시해 온 것이다.

그렇게 외부비용을 들이다보니 보장받아야 할 기본적인 담보 즉, 사망담보나 질병, 암, 입원비 등의 담보를 세트로 묶어서 판매하는 경우가 발생하게 되었고 고객은 선택의 여지도 없이 비싼 보험료를 낼 수밖에 없었다. 하지만 이제는 그런 비용이 아니라

고객을 위한 보장부분에 더 많이 투자하게 될 것이다.

고객의 입장에서 보자면 보험은 다른 그 무엇보다 보장내용이 제일 중요하다. 삶에서 위험한 일이 발생했을 때를 대비해 드는 보험의 성격상, 정작 그러한 위험에 처했을 때 그 보장이란 것이 허울뿐이거나 미미하다면 고객의 입장에서 어떤 생각이 들겠는가? 그리고 그 고객들이 보험이란 것이 무용하다고 한다면 과연 시장의 질서는 어떻게 되어 가겠는가?

보험에서 최종 수혜를 받는 고객에게 유용한 상품을 개발해야 하는 주체가 보험회사이며, 그 고객을 잘 알고 그의 여건에 맞춰 적절하면서도 최고의 상품을 판매해야 하는 주체는 설계사다. 이 주체들이 자신들의 원칙에만 충실하다면 보험은 이 세상 최고의 상품으로서 전혀 그 가치를 잃지 않을 것이다.

The highest peak of sales is the insurance sales!

## chap 05

# 계약서를 쓴 뒤가 더 중요하다

01 계약한 사람이 계약할 확률도 높다
02 연결화법으로 교차, 추가판매를 하라
03 해지나 변경 시 유의할 것을 챙겨라
04 고객관리 시스템을 구축하라
05 새로운 고객과 끊임없이 연애하라
06 고객의 보상 청구는 설계사가 직접 하라
07 보험 양식장을 만들어라

The highest peak of sales is the insurance sales!

## 01 계약한 사람이 계약할 확률도 높다

보험영업을 하면서 만난 고객 중 가장 어려운 고객을 꼽으라면 당신은 어떤 고객을 꼽는가? 필자는 한 개의 보험에도 가입하지 않은 고객을 꼽는다. 왜 그럴까? 당신은 오히려 보험에 많이 가입한 고객이라고 생각할 수도 있다. 많이 가입한 만큼 더 이상 가입할 여지가 없다고 판단하기 때문이다. 하지만 실상은 그렇지 않다. 오히려 보험에 많이 가입한 고객이 새로 가입할 확률이 높다.

만약 5개의 보험에 가입한 고객을 만났다면 당신은 어떻게 생각하는가? '이제 더 이상 접근할 필요가 없겠구나!'라며 안타까워하는가? 아니면 '오늘 제대로 된 고객을 만났군! 앞으로 이 고객에게 좀 더 많은 계약을 받을 수 있겠구나!'라며 긍정적인 생각을 하는가? 필자의 경험으로 봤을 때는 보험에 전혀 가입하지 않은 사람보다 5개 정도의 보험에 가입한 사람이 오히려 추가로 보험에 가입할 확률이 몇 배나 더 높았다.

그 이유는 보험에 많이 가입한 고객일수록 우선 보험에 관심이 높기 때문이다. 전문적인 지식이 부족한 관계로 설계사가 제대로 안내만 한다면 현재 가입한 보험의 보장에 대한 약점과 보험료에 대한 부담을 동시에 해결할 수 있다. 그래서 오히려 보험에 가입하지 않은 사람보다도 더 쉽게 계약서를 받아낼 수 있다.

그러나 한 개의 보험에도 가입하지 않은 고객은 아무리 전문설계사라 하더라도 상대하기가 어려울 뿐만 아니라 비교적 오랜 시간을 소비해야만 계약고객으로 전환시킬 수 있다. 그런 고객들에게 보험을 받아낸다는 것은 대단한 인내가 필요하다. 그들의 마음을 변화시킨다는 것은 설계사 자신과의 싸움에서 먼저 이겨야 할 정도다.

그래서 필자는 이를 종교적 귀화를 요구하는 것만큼이나 어렵다고 표현한다. 그런 고객들이 가지고 있는 보험에 대한 보편적 사고는 일단 보험료가 최소로 적어야 한다는 것이다. 그리고 그들은 만기 시 환급금이 100%가 되지 않으면 무조건 거절하는 보수적인 사고의 소유자들로서 단 1원도 손해 보지 않으려는 마음을 가지고 있다. 게다가 그들의 또 다른 공통점은 자신에게는 그 어떤 불행한 일도 일어나지 않을 것이라는 정신적 믿음까지 소유하고 있다.

그러나 그들 중 일부는 재정적인 형편 때문에 가입하지 못한 사람도 있고, 때로는 신용불량 등의 문제로 인하여 보험가입을 할 수 없는 것으로 알고 있어 보험에 가입하지 않는 사람들도 있다. 자신의 현실적 상황을 인식하고, 보험가입을 거기에다 꿰맞추고 있는 것이다. 물론 이런 사람들의 경우는 그 함정에서 끄집어내기만 해도 되지만, 정작 지속적 계약에는 문제가 발생할 수 있다.

그러나 보험에 많이 가입한 사람은 설계사가 실력만 제대로 갖추고 있다면 아주 쉽게 내 고객으로 만들 수가 있다. 그들에게는 동일한 보험료로 보장은 최고로, 보험료는 최저로 만들어 주고 나서 나머지 여윳돈은 연금이나 적금으로 안내만 해주면 된다. 고객이 보험을 거절하는 이유는 대부분 보험료가 추가될까 봐 거절하는 것이지 가입한 보험을 제대로 안내하고 돈을 절약해준다면 싫어할 이유가 없는 것이다.

몇 년 전 개척영업을 하면서 만난 조그만 횟집을 운영하는 고객 한 분이 계셨다. 그 당시에 보험증권을 정리해주겠다며 증권을 좀 달라고 했더니 며칠 후에 오라면서도 당신한테 보험가입을 할 일은 없을 테니 괜한 고생하지 말라고 덧붙였다. 그 말을 무시하고 며칠 후에 다시 그 영업장에 갔더니 큰 봉투로 5개나 되는 증권철을 가져다가 내 앞에 내놓는 것이 아닌가?

그러고나서 많은 설계사들이 증권분석을 한다고 가져갔지만 그냥 다시 가져 왔다며 괜한 노력하지 말고 이쯤에서 그만두라는 것이었다. 고객은 속으로 이렇게라도 해야 우리 집에 회라도 먹으러 오겠지 하는 마음을 가지고 있었겠지만 필자도 속으로 대박을 잡았다는 생각으로 사무실에 돌아왔다. 그리고 정리해보니 부부와 1남 2녀 앞으로 가입한 보험이 무려 38건에 보험료만 무려 4,146,396원이었다.

그래서 식당 매출을 다 합쳐도 가입한 보험료를 넣기가 빠듯할 정도인데 왜 그렇게 많은 보험에 가입했냐고 물었다. 그러자 근처의 설계사들마다 가게에 손님들을 데리고 와서 팔아주는데 마감 때문에 가끔씩 부탁하기에 거절할 수 없어 가입하다보니 이렇게 되었다고 했다. 게다가 그가 살고 있는 집은 다세대 주택의 지하실로 나중에 그 보험을 타면 이사를 가겠노라고 했다. 참으로 안타까운 일이었다.

그런데 그 보장을 정리해보니 보험으로 집을 준비하기 위해서는 최소 30년을 기다려야 했다. 더욱이 그 해약 환급금으로도 부족하여 대출을 받아야만 할 정도였다. 결국 필자는 상품 하나하나를 설명하면서 고객이 다시 선택하여 50만 원 미만에 보험료를 납입하도록 한 후 나머지는 은행에 적금으로 예치하도록 했다.

그러나 필자는 그 고객에게 한 건의 계약도 받아내지 않았다. 현재 가입한 보험에 최고의 담보로 추가하도록 했을 뿐이었다. 그러자 그 고객은 미안했는지 처남을 소개해주었다. 그 후 1년이 지나서 그 가정에 진짜 중요한 문제가 발생했다. 그 주인이 주방장을 겸하고 있었는데 무릎에 이상이 생긴 것이었다. 가게를 운영하지 못할 형편이 된 것이다. 게다가 엎친 데 겹친 격으로 전기 누전 때문에 화재가 발생하여 졸지에 실직자 신세가 된 것이다.

그러자 그는 그나마 그때 보험을 정리하지 않았다면 어떻게 했었겠냐고 한숨을 쉬며 이야기를 했다. 적은 불입금으로 장기 입원 및 수술 혜택을 받을 수 있었던 데다 화재보험 가입으로 보상도 받았다는 것이었다. 만약 그때 정리하지 않고 유지했다면 어떤 보험도 유지하지 못했을 거라며 고마워했다.

필자가 영업을 하면서 알게 된 것은 보험에 많이 가입을 했던 안했던 그것은 설계사에게 큰 영향을 미치지 않는다는 것이다. 가령, 잘 파는 사람은 주식시장이 폭락했어도 변액이나 펀드상품을 잘 판다. 그러나 대부분 자신의 역할을 못하는 사람은 본질을 벗어나서 변명을 한다. "고기도 먹어본 사람이 잘 먹는다"라고 했다. 필자는 그래서 말한다. "보험도 들어본 사람이 잘 든다"라고 말이다.

## 02 연결화법으로 교차, 추가판매를 하라

대부분의 설계사들이 고객이 요구하는 것에는 충실히 준비하지만, 그 다음에 영업할 내용에 대해서는 준비하지 않는 것을 종종 보게 된다. 연결화법의 부재로 가장 좋은 찬스에서 그 기회를 놓치는 것이다. 영업을 하려고 이곳저곳을 미친 듯이 뛰어다니지만 정작 기회가 왔어도 그것이 기회인지조차 모르는 격이다. 가령, 필자는 어떤 고객이 상담 중 보험에 대해 거절하지만 않아도 다 된 것처럼 준비한다. 그런데 작은 요청이 왔다면 그보다 금상첨화가 어디 있겠는가?

당신은 혹시 고객이 장기보험 가입 설계서를 뽑아달라고 하면 어떤 준비를 하고 방문하는가? 고객이 원하는 것만 가져간다면 아마추어 설계사일 것이다. 가장 좋은 방법은 고객이 요구한 것은 기본이고, 적금이나 연금 또는 화재보험 및 자동차 가입내역까지도 별도로 준비하는 것이다. 이처럼 다양한 준비는 고객과 대화할 내용을 풍부하게 만들고 고객에게 보험에 대하여 한층 더 많은 생각을 하게 만든다.

또한 고객이 보험료를 지정하여 요구할 때도 요구한 내용과 더불어 몇 개의 보장을 더 준비하는 것이 좋다. 이를 통해 고객이 모르는 내용까지도 설명해주고 필요 없는 담보는 고객이 직접 빼도록 하는 것이다. 그렇게 하면 고객은 설계사를 부정적이기보다는 오히려 긍정적으로 보게 되고 오히려 더 높은 금액의 계약으로 유도할 수도 있다.

언젠가 필자 앞에서 설계사 한 분이 고객이 11만 원 이상은 절대로 가입하지 않겠다고 했다면서 11만 원 가량의 소멸성 보험을 뽑는 것을 보았다. 그래서 잠깐만 기다리라며 100% 환급이 가능한 25만 원짜리 청약서 하나를 추가하여 봉투에 넣어드렸다. 그런데 몇 시간도 지나지 않아 그 설계사가 반가운 목소리로 전화를 했다. 필자가 뽑아준 것으로 계약한 데다 며칠 전에 가입한 7만 원짜리 보험도 이번 것처럼 해달라고 해서 또 다른 계약도 추가로 받았다는 것이었다.

가끔은 설계사들이 고객의 사정을 감안하다가 고객이 정말로 원하는 것이 무엇인지 놓치는 경우가 있다. 그러나 그것은 결코 고객을 위하는 것이 아니다. 오히려 자신의 편의나 임의적으로 판단을 내리는 것이라 하겠다. 준비를 더 해간다고 해서 손해가 될 것은 없다. 오히려 고객 입장에서는 자신의 선택의 폭이 넓어졌다는 것으로 인식할 가능성이 훨씬 높다. 자신을 배려했다고 생각할 것이며, 일에 대한 열정에 감탄해 마지 않을 것이다.

 필자는 교육시간 때마다 고객의 자동차 가입현황을 준비하라고 말하곤 한다. 연결화법을 만드는데 최고의 수단이 되기 때문이다. 이를 준비하다 보면 고객의 자동차보험 만기가 언제이며 어느 보험사에 가입하고 있는지 또는 연령 등을 기본적으로 알 수 있다. 거기에다 자손이나 자차는 가입했는지 또는 사고기록은 어떠한지 보험경력은 어떤지 등을 파악할 수 있다. 실제로 자동차에 관련된 정보는 많은 이야기를 끄집어낼 수 있으며 영업의 기초상품으로도 매우 좋다.

 특히 보험의 경력유무를 확인하면 고객의 취향이 그대로 드러난다. 어떤 고객은 처음부터 지금까지 한 번도 보험사를 옮기지 않은 고객이 있는가 하면, 어떤 고객은 매년 가입회사가 바뀌는 것을 알 수 있다. 고객의 성격과 정보를 알면 영업이 그만큼 쉽다는 것은 아마 누구나가 알 것이다. 그리고 이를 토대로 계약에 이르도록 실전 연결화법으로 이끌면 된다.

 예를 들어 40세 가량에 혼자서 운전하는 고객이, 24세 이상 누구나 운전이 가능한 자동차보험에 가입했다면 그 동안 비싼 보험료를 낸 것에 해당한다. 그런데 실제로 그런 고객이 한두 명이 아니다. 그와 같은 것을 발견하여 화법으로 활용한다면 짧은 시간 내에 고객의 신뢰를 얻을 수 있다. 그래서 필자가 즐겨 쓰는 말 중에 "고객이 원하는 것은 고객의 생각이고, 설계사는 설계사 마음대로 뽑아갈 수 있어야 능력 있는 설계사다"라고 말하는 것이다.

당신은 이제 교차판매로 인하여 어느 보험사의 상품이든 판매하고 있을 것이다. 영업은 첫 마디의 연결화법에서부터 시작한다. 어느 보험사의 상품을 뽑아달라고 하거나 말 한마디만 붙일 수 있다면 그 다음은 화법을 통해 계약을 만들 수 있어야 한다. 그것을 '실전 연결화법' 이라고 한다. 가령, 위에서 말한 자동차 보험은 의무보험이기 때문에 비교 견적서 하나만으로도 당당하게 방문할 수 있는 기초상품이다.

다음은 이를 활용한 연결화법의 한 예이다. 우선 고객을 만나 운전자 보험에 가입했는지 질문한다. 고객이 다른 곳에 이미 가입했다면 우선 보험을 하는 입장에서 잘했다고 말한다. 그 대신 여러 가지 담보를 비교한 후에 본인이 내세우는 요건을 그 담보가 보장하는지 역으로 질문을 한다. 동일한 사고에 형사합의 지원금이 어느 정도 나오는지 질문을 하면 고객은 평범하게 대답하고 그것이 그렇게 중요하다고 생각하지는 않는다.

그러나 만약 대인사고의 경우 가입한 운전자 보험에서 할증지원금이 어느 정도 나오는지 질문하면 설계사 본인은 잘 알고 있는 내용이겠지만 고객은 잘 이해하지 못할 것이다. 그때 "100만 원 정도는 받으시죠?"와 같은 방법으로 다시 질문한다. 왜냐하면 그 고객이 가입한 보험은 대부분 10만 원에서 많게는 30만 원 정도의 담보밖에는 없다는 것을 설계사는 이미 알고 있기 때문이다.

그러고나서 동일한 보험료로 왜 기존의 보험상품을 고집하는지를 질문하면 대부분은 가졌던 생각을 바꾸게 된다. 이유는 운전자 보험은 면책기간이 없기에 다른 보험사로 바꿔도 고객 입장에서 별로 손해 볼 일이 없기 때문이다.

# 03
# 해지나 변경 시 유의할 것을 챙겨라

영업을 하다보면 계약을 받는 것도 중요하지만 계약유지에 관련된 상담을 해주는 것도 영업에 있어 매우 중요한 부분 중 하나가 된다. 시간이 지나면서 경제적인 어려움이나 여러 가지 사정 등으로 보험을 해지하거나 감액을 요구하는 경우가 수없이 발생하기 때문이다. 그런데 이때 설계사의 잘못된 안내로 고객이나 설계사가 뜻하지 않은 낭패를 당하는 경우를 심심치 않게 볼 수 있다.

얼마 전에 어느 설계사가 상담을 요청했다. 50대가 넘은 남자 고객에게 들었던 보험을 해지하고 자사의 다른 상품으로 다시 가입시켰는데 두 달도 안 되어 중풍으로 쓰러졌다는 것이었다. 그런데 문제는 전에 가입한 보험에는 뇌졸중이 포함되어 있어서 그냥 놔두었으면 진단비부터 입원비까지 모든 혜택을 받을 수 있었지만 지금은 한 푼도 받을 수 없다고 했다. 게다가 그 고객이 그에 대한 책임을 설계사에게 요구하고 있다며 걱정을 하고 있었다.

게다가 나이가 더 들면 보험가입을 할 수 없을까봐 이를 충분히 설명해서 고객의 동의 하에 자신의 회사 상품으로 안내를 해줬다는 것이었다. 그런데 조사를 해본 결과 그 고객은 혈압약을 먹고 있음에도 불구하고 혈압이 정상이기에 약을 안 먹는다고 했다는 것이었다. 그러고나서 얼마 후 아침에 갑자기 쓰러져 병원에 입원을 했으니 어쩌면 좋겠냐고 하소연을 했다. 그 상담을 하면서 필자도 답답한 마음을 억누르기가 힘들었다.

만약 당신이라면 위와 같은 상황에서 어떻게 처리할 것인가? 대다수의 설계사들은 자신만큼은 그러한 실수를 하지 않을 것이라고 생각하지만 실제로는 위의 설계사와 별반 다르지 않다. 다른 것은 제쳐두고라도 여기서 가장 큰 문제는 면책기간을 생각하지 않았다는 점이다. 만약 1~2년 미만의 면책기간만 생각했어도 최소한의 피해는 막을 수 있었기 때문이다. 당장 실적이 급하더라도 계산할 것은 해야만 했다. 사고는 예측할 수 없다는 기본을 저버렸던 것이다.

가입보다 더 중요한 해지에 관련된 내용을 체계적으로 알아보자. 먼저 보험계약을 유지하기 어려울 때 요청하는 방법에는 다음과 같이 몇 가지로 나눌 수 있다.

첫 번째가 해지다. 해지는 본인이나 회사에서 임의적으로 처리하는 것으로서 계약의 효력을 어느 한쪽이 일방적인 의사표시로 계약의 효력을 소멸시키는 것을 말한다. 1년 전 일이다. 병문

안을 가서 개척영업을 하던 중 입원한 딸로 인하여 만난 고객이었다. 마침 그 분에게 만기가 돌아오는 자동차보험이 있어 자동차보험을 계약했었다.

그런데 3개월이 지난 어느 날 그 딸에게서 연락이 왔다. 아버지가 며칠 전 폐암으로 돌아가셨다고 자문을 좀 해달라는 것이었다. 그런데 기가 막힌 것은 아버지가 아직 한 번도 병원에 가신 일이 없는 상태에서 가족 중 아는 설계사가 보험을 재가입 해준다고 하는데다 급전도 필요해서 모든 보험을 해지했는데 그러고 나서 일주일 만에 폐암 말기 판정을 받고 갑자기 돌아가셨다는 것이었다. 해지 권유가 왜 무서운지 알 수 있는 대목이라 하겠다.

두 번째는 취소다. 취소는 법률행위의 효력을 소멸시키는 것으로써 취소권자의 의사표시에 의하여 확정된다. 세 번째는 유예나 실효. 실효는 납입할 보험료를 납입하지 않아서 재산권의 효력을 잃은 것을 말하고, 유예는 보장은 받을 수 있으나 실효되기 전 단계를 말한다. 네 번째는 철회다. 철회는 법률상에서 의사표시를 한 자가 장차 그 의사표시의 효력이 발생하기 전에 소멸시키는 일방적인 의사표시라고 보면 된다.

다섯 번째는 감액이다. 감액은 보험을 유지함에 있어 담보의 일부를 줄이고자 할 때나 납입 보험료를 줄이고자 할 때 고객 또는 설계사가 대신하여 처리하는 방법이다. 여섯 번째는 납입면제다. 납입면제란 보험회사 별로 정해놓은 약관에 따라, 예를 들어 암 진단 시 또는 상해나 재해 후유장해 80%이상 시 납입 면제라고 약정하였다면 이후로는 보험료를 납입하지 않고 보장기간 동안 보장을 받는 것을 말한다.

그런데 고객이 보험을 유지하지 못하는 이유에는 여러 가지가 있다.

첫째 상품 자체의 문제나 불만이다. 대부분 계약을 하면서 설계사가 고객에게 좋은 보험을 안내했다면 보험유지에 특별한 문제가 없었을 것이다. 하지만 보험가입 이후에 고객이 보험의 장·단점을 파악해서 임의적으로 해지하는 경우가 이에 해당한다.

둘째 경제적인 사정으로 부득이 유지를 못하는 경우다.

셋째 좀 더 좋은 보험으로 갈아타야 하기에 가입한 보험을 유지하지 못하는 경우다.

넷째 알릴 의무 위반 등으로 계약을 유지하지 못하는 경우다.

그럼에도 불구하고 고객이 기존 계약을 해약하기를 원한다고 해서 성급하게 결정을 하도록 해서는 안 된다. 가장 먼저 다른 보험으로 대체가 되는지를 확인해야 하고, 5년 이내에 질병 유무나 사고 유무를 검토하여 새로 가입할 수 있는지를 검토한 후 실행해야 한다.

만약 고객이 설계사에게 해지를 원할 때는 보험회사에 전화하여 해지하는 방법이 있고 고객이 직접 보험사에 가서 신청하는 방법이 있다. 전화로 해지를 신청하는 방법은 대부분 보험사가 녹취를 하고 있기 때문에 해지 요청 후 만약 업무가 종료되기 전이라도 사고가 난다면 불이익을 받을 수도 있다. 가장 좋은 방법은 자동이체를 방문수금으로 전환하는 방법과, 잔액이 없는 통장으로 계좌를 변경하는 방법 등이 있다.

대부분 본인이 해지를 한다면 전화상으로 콜센터에 변경배서 요청을 하면 된다. 그러면 2개월 가량의 유예기간을 거쳐 실효되므로, 그 기간 동안에는 보장을 받을 수 있기 때문이다. 만약 다시 보험의 필요성이 느껴진다면 밀린 보험료를 다시 납입하면 실효가 아니기에 계속하여 보장을 받을 수도 있다.

이때 대부분의 보험사에는 암 진단 시 또는 자살이나 2대 질환 등 다양한 성인담보에서 면책기간이 있다는 것도 참고해야 한다. 아울러 생명보험 회사와 손해보험 회사의 보험 효력시점도 각각 다르다는 것을 알아야 한다. 손보사는 16시부터 보장을 받고 생보사는 가입과 동시에 보장을 받는다는 것을 참고하기 바란다.

만약 새로운 보험으로 갈아타려 한다면 방문수금으로 요청하면서 바로 새로운 보험에 가입해 면책기간의 함정을 최대로 줄여야 한다. 또한 자동차보험의 신규 계약은 가입과 동시에 보장을 받지만 갱신 계약은 24시부터 보장을 받는 점도 상식으로 알아두어야 할 것이다.

그리고 성인 보험은 여러 가지 변수가 많아 매우 신중해야 하지만 어린이 보험은 계약 전 알릴 의무사항에 따라 병원에 가지만 않았다면 언제든지 다른 보험으로 갈아탈 수 있다는 것도 알아둘 필요가 있다.

## 04 고객관리 시스템을 구축하라

　당신은 영업을 하면서 어떤 자료를 활용하여 영업을 하고 있는가? 그리고 영업을 하면서 얻어진 정보는 어떻게 가공하며 관리하는가? 보통의 설계사들은 대개가 수첩이나 컴퓨터에 관리하고 있을 것이다. 그러나 그 관리가 단지 기록 위주의 관리인지 아니면 언제든지 실시간으로 활용이 가능한 관리인지는 한 번쯤 생각해 봐야 할 것이다.

　교육을 하면서 필자가 고객관리에 대해 물었을 때 자주 듣게 되는 말이 있다. 현재 소속 보험회사에서 잘 관리하고 있기 때문에 그런 걱정은 필요 없다는 답변들이였다. 그러나 교차판매로 보험시장은 급변하게 돌아가고 있는데다 보험사들이 영업부분을 GA시장이나 판매 주식회사 쪽으로 대폭 전환하면서 이 생각은 허물어질 수밖에 없다.

　물론 교차판매 전까지는 대다수의 보험사에서 설계사는 자신이 계약한 모든 정보를 한 장의 종이에 출력하여 볼 수 있었다. 그러나 지금은 완전히 달라졌다. 설계사 본인의 계약일지라도 주소나 전화번호 또는 주민번호 뒷자리가 이제 *로 표시되어 출력되기 때문이다. 고객의 정보에 대해 함부로 열람할 수 없을 뿐만 아니라 자신의 고객일지라도 이는 점차 불가능해지고 있다.

2007년 말부터 앞으로 이런 일이 있을 것이니 미리 준비하라고 필자는 교육시간에 수없이 지적했다. 그럼에도 불구하고 90%가 넘는 설계사들이 자신의 정보를 출력하여 보관하지 않았다. 그리곤 이제 와서 땅을 치며 후회하고 있다. 설계사 본인의 계약은 개인별로는 출력이 가능하지만 전체적으로 출력할 때는 불가능하기에 많은 설계사들이 당황하고 있는 것이다. 그렇다고 수천 명이 넘는 고객들을 한 장씩 출력한다는 것도 쉬운 일이 아니다.

필자는 보험회사에 들어오기 전부터 그런 일을 예측하여 처음부터 아예 별도의 고객관리 시스템을 만들었고 모든 정보를 보험사와는 별도로 실시간으로 관리해왔다. 과거나 현재도 그랬지만 앞으로도 모든 보험회사는 가능한 한 많은 정보를 수집하고자 노력할 것이다. 설계사 자신도 언젠가는 소속 회사를 떠날 수 있으며 본인의 계약이라도 이제는 쉽게 접근할 수 없다는 것을 알아야 한다.

최근 대부분의 보험사에서는 고객의 핸드폰 연락처와 이메일 주소까지 알아내려고 시상까지 걸고 있다. 돈이 적게 들어가는 양방향 정보전달 매체로써 고객의 정보를 파악해 접근성을 강화하겠다는 의지의 표상이다. 게다가 이것들은 한 번 정하면 쉽게 바꾸지 않는 장점까지 가지고 있다. 게다가 설계사가 그만둔다 해도 그 회사는 그 고객과 언제든지 연락을 취할 수가 있다.

대다수의 설계사들이 필자의 사무실에 오면 가장 먼저 잘 정리되어 있는 서류철을 보고 시선을 멈춘다. 그리고는 기가 죽는다고 한다. 처음 온 설계사들은 "저 많은 서류가 다 보험 서류예요?"라고 묻는다. 그러면 필자는 "아, 네. 제 고객들의 보험가입 서류와 증권을 분석하여 정리해놓은 파일입니다"라고 답한다. 실제로 필자는 그 덕분에 민원도 발생하지 않는다. 혹 문의가 오더라도 파일을 찾아 그 고객이 가입한 서류를 즉시 확인할 수 있기 때문이다. 게다가 고객의 자필서명을 받아놓은 기록이 있기에 자신 있게 고객의 질의에 답할 수 있다.

최근에 이런 일이 생긴 적이 있었다. 얼마 전에 한 고객에게 자동차 사고가 났었다. 그 고객이 가입할 때 자차담보를 빼라고 해서 뺐었는데 차를 수리하려고 하자 돈이 많이 들 것 같으니까 다짜고짜 우기기 시작했다. 보상처리를 해주지 않으면 민원을 넣겠다고 협박할 때는 정말 당황스럽기까지 했다. 사실 보험영업을 하다보면 그런 일이 한두 번이 아니지만 그때마다 당황스러운 것은 마찬가지다.

필자는 가입 당시 서명을 받을 때, 고객들이 자차담보를 빼겠다고 하면 반드시 그곳에다가 "자차 빠짐 확인서명"이라고 별도로 쓰고 서명을 받는 습관이 있기에 별다른 걱정을 하지 않았다. 그러고는 급히 사무실에 와서 고객 파일을 찾아보니 역시 그곳에 그 고객의 자필서명이 있었다. 그래서 필자는 그 서류를 들고 그 고객을 방문했다. 그 고객은 자기는 자차담보를 뺀 적이 없으니 무조건 차 수리비 800만 원을 책임지고 물어내라고 우겼다. 그 앞에 필자는 그 서류파일을 내밀었다. 그러자 그 고객은 머리를 긁적이며 미안하다는 말을 연신 해댔다.

이처럼 영업을 하다보면 수많은 일들이 발생한다. 이러한 일들에 대한 대비를 하기 위해서라도 설계사는 자신이 영업을 했던 모든 자료를 가능하면 체계적인 방법으로 정리해놓는 것이 좋다. 계약 서류의 복사본을 별도로 보관하는 것도 매우 좋은 방법이다. 물론 파일과 함께 고객 관리 시스템을 만든다면 더할 나위가 없다. 시스템을 만들어놓으면 관리하기가 훨씬 수월하기 때문이다.

필자는 보험을 시작하기 6개월 전부터 '보험영업을 시작하면 최소한 이런 프로그램은 있어야 하지 않을까?'라는 생각에 영업 관리 프로그램을 직접 만들었고 지금도 별다른 수정 없이 잘 활용하고 있다. 그 안에는 고객의 모든 정보를 실시간 입력할 수도 있고 보험 만기에서부터 고객의 사진까지 별도로 저장할 수 있다. 고객의 이름이나 주민번호 전화번호 등을 치면 바로 그 고객의 모든 것이 나오기에 고객의 파일번호를 찾아내는 데 불과 3초면 충분하다.

고객관리 시스템의 중요성은 아무리 강조해도 전혀 지나치지 않다. 설계사에게 있어 자산은 고객 그 이상도 이하도 아니기 때문이다.

## 05 새로운 고객과 끊임없이 연애하라

설계사들과 만나 대화를 하다보면 많은 설계사들이 개척영업을 다짐하는 것을 들을 수 있다. 하지만 실제로는 실천을 하지 못한 채 행동 없는 영업을 하고 있는 것을 발견할 수 있다. 교육을 받았을 때는 동기부여가 되었기에 그것을 실천하겠다고 굳게 다짐하지만, 대개는 그 교육을 채 마치기도 전에 잊는다.

그런데 일주일을 기억한다 해도 그 생각이 마음속에서만 맴돈다면 현실에서 변화란 있을 수 없다. 매일 동료와 점포장들이 기다리고 있는 지점이나 영업소에 가서 열심히 일하고 싶지만 계약이 없기에 갈 자신이 없는가? 당신이 혹시라도 그런 사람이라면 이 순간부터는 좀 더 진취적인 사고로 적극적인 변화를 모색해보기 바란다. 먼저 이 책에 있는 내용을 따라하는 것에서부터 시작해보는 것도 좋다.

그리고 가능하면 처음부터 끝까지 다시 한 번 읽어보고 자신에게 가장 잘 맞는 영업계획을 만들어 그 계획을 노트에 적길 바란다. 만약 그 과정에 누군가의 도움이 필요하다면 영업을 잘하는 가까운 사람들이나 필자에게 연락을 주시기 바란다. 사실 어떤 특별한 기회가 주어지지 않는다면 사람은 과거와 현재, 그리고 미래에도 별로 변화하지 않고 그저 하루를 보내게 된다.

그러나 영업을 하겠다고 생각했으면 10년 후의 모습까지 예측하며 준비해야 한다. 지난 몇 개월의 영업 준비가 비로소 이번 달에 결과로 나타나는 것처럼, 지금 준비하지 않으면 결국 자신도 설계사들이 지닌 평균이라는 함정에 빠질 수밖에 없다. 그리고 '묻지마 영업'과 같은 방식에 빠지게 된다. 이런 사람들이 즐겨 쓰는 영업 방식은 "아니면 말고"나 "못 먹는 감 찔러나 본다"이다. 그들에게 충분한 준비를 하라고 하면 그 결과가 언제 나올지도 모르는데 뭘 그렇게 복잡하게 영업하느냐며 되래 핀잔을 하기도 한다.

그런데 재미있게도 그런 사람들의 공통점은 스스로는 체계가 있다고 하지만 실제로는 체계가 없다는 것이다. 가령, "재수 좋으면 줍는다"는 식이다. 마치 텔레마케터들의 영업방식을 오프라인 영업방식에 적용한 것과 같다. 그러나 그런 확률게임에 도전했다가는 이 일을 오래 지속할 수가 없다.

그들이 쓰는 또 다른 영업방법으로는 만나는 사람마다 협박해서 보험을 받아내는 식이다. 그런 설계사들은 "이 보험은 꼭 들어야 후회하지 않습니다", "이 보험상품 정말 좋습니다", "운전하다 접촉사고만 나도 몇 십만 원이 나옵니다", "암에 걸리면 얼마가 나오고 이후로는 돈을 안내도 됩니다", "16대 질병이라고 있는데 간단한 수술만으로도 몇 백만 원이나 나옵니다" 등의 표현으로 보험가입을 강요한다.

사실 영업엔 정답이 없기에 그런 영업방법이 꼭 틀리다는 것은 아니다. 단지 고객을 설득하는 방법에 있어 세련되지 못하다는 것이다. 게다가 고객의 입장에서는 사고가 나면 무조건 돈이 나오는 것보다는 자신의 경제적인 사정을 고려한 후 기존에 가입한 보험이나 새로운 보험의 보장내용 등을 조심스럽게 비교한 후 만족했을 때 더 깊은 신뢰감을 가지고 가입할 수 있다. 그런 고객은 한 번 가입하면 계약을 오랫동안 유지할 수 있고 소개도 많이 해준다.

그런데 대부분의 고객이 사전에 아무런 마음의 준비를 하지 않은 상태에서 갑자기 이런 설계사가 나타나 보험가입을 강요하기에 거절부터 하는 것이다. 이는 아무 여성에게나 접근해서 사랑한다고 치근덕거리는 것을 성추행이라고 하는 것처럼, 준비도 없는 고객에게 보험가입을 강요하는 보험 추행이라고 볼 수밖에 없다. 사랑과 추행은 분명 다르다. 서로 준비되어 있는 것은 사랑이며 아무런 준비가 없는데 달려드는 것은 추행이다.

당신은 지금 체계적인 방법으로 영업을 하고 있는가? 아니면 고객이 아무 준비도 하지 않았는데 생각나는 대로 달려가서 보험을 강요하는 보험 추행을 하고 있는가? 필자는 이러한 사람을 과

격하게 표현하여 '보험 추행범'이나 '보험 바바리맨'이라고 부른다. 일방적인 접근방식과 오로지 자신의 목적만 채우려는 욕구가 강하기 때문이다.

영업은 사랑이다. 혼자 하는 사랑은 짝사랑이며, 일방적인 접근을 하는 사람을 우리는 '스토커'라고 부른다. 영업도 사랑과 마찬가지여서 아무리 급해도 서로의 이해와 약속 아래 자발적으로 좋은 감정이 생겨야 나중에 좋은 결과를 맺는다. 한 번 생각해 보라. 사랑에 빠졌을 때 우리는 시간을 아까워하지 않고 상대를 고대하지 않았던가? 그리고 상대를 내 사람으로 만들기 위해 많은 준비와 관심을 보이지 않았던가?

이처럼 우리는 새로운 고객과 끊임없이 사랑을 꿈꿔야 한다. 이것은 좋은 의미의 바람기이다. 설계사에게 있어 이런 바람은 얼마든지 피워도 되는 좋은 의미의 바람이다. 그리고 그 고객을 만날 때마다 뜨거운 가슴과 설레는 마음이 있어야 성과와 행복이 함께 한다. 항상 새로운 사람과의 연애, 설계사에게 이만한 행복이 또 어디에 있으랴.

## 06 고객의 보상 청구는 설계사가 직접 하라

일반적으로 설계사가 가장 좋아하는 것은 계약이고, 가장 싫어하는 것은 보상이라고 말하곤 한다. 어쩌면 아주 당연한 내용이라고 생각할지도 모르지만, 실제적으로 들어가 보면 꼭 그렇지는 않다. 대부분 보상 건이 있어야 또 다른 계약을 쉽게 받을 수 있다는 것은 아주 기본적인 것이다. 단지 보상 청구를 두려워하는 이유는 그 사람이 가입한 보험이 혹시나 보상을 못 받으면 어쩌나하는 두려움 때문이다.

그러나 영업을 잘하는 사람은 반대로 생각한다. 보험계약을 했을 때 고객의 눈치를 안보고 최상의 담보로 설계했기에 어떤 사고가 발생하든 걱정할 일이 없다. 보상 청구가 발생하면 오히려 그것이 그렇게 반가울 수가 없다. 그런 사람은 오히려 보험을 가입하겠다는 사람의 전화 받는 일이 더 귀찮을지도 모른다.

당신도 실제로 매일 한두 건씩 계약을 받아보면 그것이 얼마나 부담되는 일인지 알게 될 것이다. 그 이유는 설계하고 방문하고 서명 받고 증권을 전달하는 것이 말처럼 그리 쉽지만은 않기 때문이다. 계약이 쌓이고 가망고객이 누적되어 바빠지면 계약에 노예가 된 것처럼 느껴질 때도 있다. 매일 소고기 등심만 먹으면 좋을 것 같지만 나중에는 질리는 것과 동일하다.

그러나 보상은 다르다. 이것이 있어야 고객은 비로소 계약을 했다는 의의와 만족을 얻게 된다. 병원에 갈 일이 없다면 고객이 어떻게 보험의 소중함을 알 수 있겠는가. 게다가 설계사는 보상을 했을 때 비로소 보험영업의 보람과 희열, 그리고 직업의 소명 의식을 느끼게 된다. 고객의 어려움을 해갈시켰다는 직업적 만족이 바로 보상에서 찾아지는 것이다.

필자는 고객들의 사고와 보상 청구가 발생했을 때, 그때를 영업의 기회로 만들어야 한다고 말하곤 한다. 전문 설계사로 거듭날 수 있는 가장 좋은 영업방법이 바로 보상 영업이기 때문이다. 보상을 받아본 사람이 소개도 잘한다. 한 번 생각해보라. 고객 입장에서는 자신이 보상을 받았을 때만큼 보험과 설계사가 고마울 때가 있겠는가.

그런데 이때 참고해야 할 사항이 있다. 가능하면 설계사가 고객의 서류를 받아 직접 청구하라는 것이다. 고객들이 하는 말 중에 가장 듣기 난감한 말 중의 하나가 있다. 보험가입을 요청할 때나 계약할 때는 매일 쫓아 다니더니 막상 사고가 나서 보상 청구를 할 때는 코빼기도 비치지 않더라는 말이 그것이다.

그럴 때는 고객에게 팩스나 우편 등으로 청구서류를 보내달라고 하지 말고 가능하면 방문하여 직접 챙겨서 청구하라. 보상 청구는 물론 고객이 직접 할 수도 있다. 하지만 설계사가 이를 직접 하다보면 질병 부호는 무엇인지 또는 보상은 제대로 나오는지 등에 대해 자세히 알 수 있을 뿐 아니라 의학용어도 배우게 된다.

그 대신 보상도 되기 전에 미리 "얼마가 나온다"와 같은 답변은 하지 않는 것이 좋다. 민원이 발생할 소지가 있기 때문이다. 보험은 가입했다고 무조건 지급되는 것이 아니며 설계사가 가입한 고객의 모든 보장담보를 일일이 기억할 수도 없다. 그래서 미리 보상금을 말했다가는 고객에게 실망을 줄 수도 있다.

가령, 과거에 생명보험에서는 의료실비가 없었고 대부분 종별수술을 해야만 보험금을 탈 수 있는 경우가 많았다. 거기에 입원비도 3일 초과 시에만 지급하는 상품이 대부분이다 보니 고객들이 경미하게 다치거나 질병으로 통원을 했을 때에는 청구할 보험금이 없었다. 게다가 종별수술을 받아야만 정해진 보험금을 청구할 수 있어 보험에 대한 이미지가 그리 좋은 편이 아니었다.

한 예로 택시를 타고가다 신호 대기 중에 뒤에서 오던 승용차가 택시의 후미를 추돌하는 교통사고가 발생하여 탑승객 3명이 같은 병원 6인실 병실에 3일째 누워있었다고 해보자. 그들은 요추 및 경추부염좌로 진단 2주가 나와 크게 다치지는 않았기에 가해차량 보험사와 합의를 하고 저녁에 퇴원을 한다고 각각의 설계사들을 불러 보장내용을 확인했다.

그중 가장 먼저 A라는 고객의 담당 설계사가 와서 설명하기를 고객님은 가해차량의 보험회사에서 병원에 지급하는 치료비의 50%를 가입보험 의료비의 한도 내에서 수령할 수 있고 거기에 입원 수당까지 받을 수 있다고 했다. 물론 합의를 안했으면 더 입원할 수도 있고 치료를 마칠 때까지 편하게 지내실 수 있다고도 말했다.

그러나 B라는 고객의 담당 설계사는 A환자와 똑같은 손해보험에 가입하였는데도 전혀 다른 내용을 말했다. 현재 가입한 보험은 본인 부담금이 없는 입원 의료비 담보에 가입했기에 가입보험에서 한 푼도 받을 수 없으며 단지 입원 수당만 받을 수 있다고 했다.

또 다른 C라는 고객은 생보사에 오래 전 가입한 보험이 하나 있었는데 역시 의료비 가입이 없어 의료비도 힘들고 입원도 3일 초과가 아니기에 특별히 받을 것이 없다고 했다.

만약 당신이 위에서 말한 것처럼 B와 C의 경우라면 어떤 생각을 하게 될까? 실제로 아는 설계사 한 분이 위의 내용에서 B라는 고객과 같은 경우를 만나 심하게 마음고생을 하는 것을 보았다.

또 다른 예는 필자가 직접 체험한 경우다. 지방에 사는 고객이 필자에게 운전자보험을 가입했는데 시간이 지나 사소한 사고라고 생각해서 필자 모르게 직접 보상을 청구했다. 사고 내용은 교차로에서의 교통사고로인해 50:50의 쌍방과실로 처리된 사건이었다. 그 고객은 젊은 여자 분이었는데 사고로 인해 얼마나 놀랐는지 사고 후 가슴이 떨려서 운전을 하지 못하고 출동한 견인차에 차량 견인을 요청한 것이었다.

문제의 내용은 고객이 청구한 내용 중에 긴급비용 10만 원에 대한 내용이었는데 나중에 알아본 결과 보상이 거절당한 이유는 사고 후에 차량 수리가 없었다는 데 있었다. 보상 담당자에게 문의한 결과 보상에서 긴급비용이란 "운전 중 교통사고로 피보험자의 운전 중인 자동차가 가동 불능인 상태가 된 경우"라고 되어 있기에 보상을 해주지 않았다는 것이었다. 결국 필자가 회사를 상대로 이의를 제기하여 보상을 받아내자, 그 고객은 그 일로 인해 설계사의 능력이 얼마나 중요한지 알게 되었다며 많은 사람을 소개해주었다.

사고가 없이 모든 것이 그저 평온하다면 물론 영업을 해서 받을 수당만을 계산한 후 이를 수령하면 그만이다. 그러나 보상 청구에 관한 일이 발생하면 상황은 달라진다. 보험 상품에 대한 많은 이야기와 함께 보상 여부, 그리고 기타의 문제가 발생한다. 많은 설계사들이 이를 두려워하는 근본적인 이유가 거기에 있는지도 모른다.

보험에 대한 지식이 부족하면 설명할 수 있는 내용도 부족할 수밖에 없다. 그리고 계약 당시 미래에 발생할 사고의 유형을 예측할 수는 없다. 그렇게 보면 계약을 따내기 위해서 그저 한 순간 고객에게 다 된다고 말한다는 것은 얼마나 위험한 일인가. 이처럼 사고의 유형이 천차만별로 나타나기 때문에 설계사는 많은 공부를 하지 않으면 안 된다. 그리고 보상 청구는 힘든 것이 아니라 보험영업에서 어쩌면 가장 보람을 느끼게 하는 부분이다.

## 07 보험 양식장을 만들어라

　보험영업은 오랜 시간 공을 들여야 하는데다 수입도 천차만별인 직업이다. 필자도 보험영업을 하는 데 있어 가장 큰 어려움으로 꼽았던 것이 매월 일정한 계약을 만들 방법을 찾는 것이었다. 그리고 보험의 양식장을 만드는 방법 외에는 다른 방법이 없다고 결론지었다. 하물며 보험영업에 관련된 교과서나 길잡이 책자라도 있었다면 방향이라도 잡고 실천할 텐데 아무리 찾아봐도 그런 책자나 스승이 없었다. 그러다보니 주먹구구식으로 계약 받는 일에만 매달릴 수밖에 없었다.

　만약 영업하는 사람이 보험 양식장을 만들지 못한다면 어떨까? 매번 계약을 하기 위해 한겨울에 물고기를 잡으러 냇가로 가는 형국과 다름없을 것이다. 물론 그런 방법으로는 매월 최저 생활을 하기에도 벅찰 것이다. 그렇다면 어떻게 보험 양식장을 만들어야 할까? 필자의 경험에 비춰 이를 정리해보면 다음과 같다.

첫째는 인맥을 활용하는 것이다. 그러나 인맥은 한계성에 있다. 그리고 단기간에 관계가 끝나기 때문에 가능하면 최대한 빠르게 활용해야 한다. 그들을 아끼고 놔뒀다고 해서 절대로 내 것이 되지는 않는다. 다른 설계사들도 놀고만 있지는 않기 때문이다. 또한 시간이 지나면 지날수록 계약의 확실성도 낮아진다.

따라서 인맥의 활용은 최대한 신속하게 접근해서 그 가치를 최대한 살려야 한다. 내 인맥이 될 수도 있지만 다른 설계사의 인맥이 될 수도 있다는 것을 명심하고 기회가 있을 때마다 내 것으로 만들어야 하는 것이다. 그리고 보험을 처음 시작할 때는 영업경험이 없기 때문에 이를 활용할 수밖에 없겠지만 최대한 빠른 시일 내에 전문적인 영업방법으로 전환해야 한다.

둘째는 개척을 하는 것이다. 이는 1차적인 영업방법인 인맥을 벗어나 우물에서 강으로 나가는 것에 비유된다. 개척영업은 일명 무한영업으로 단기간 내에 실적을 올리기는 어렵지만 장기전에 돌입할 경우 그보다 더 탁월한 힘을 발휘하는 것은 없다. 하지만 그에 따른 많은 준비도 해야 한다. 아울러 철저한 계획을 세워야만 실천할 수 있고 장기전에 돌입해야 하는 것이 필수적인 사항이다. 가령, 어느 지역을 선정하고 지속적으로 영업을 한다면 약간의 성과를 낼 수 있지만 중도에 관둔다면 그동안의 노력은 수포로 돌아간다.

그러나 그러한 단점에도 불구하고 개척영업은 단시간 내에 불특정 다수의 계약자 확보가 가능한 가장 좋은 방법으로 대다수의 설계사들이 활용하고 있으며 보험영업으로 성공한 사람들 대부분이 이를 최대한 활용한 사람들이다. 이처럼 개척영업은 언제 어느 곳에서 계약이 나올지 모르는 기대감이 상존하는 영업방법이다. 그래서 이를 실천하다 보면 단체나 법인 등과 같은 곳에서 뜻하지 않은 대박이 터지기도 한다.

셋째는 소개를 받는 것이다. 소개는 인맥과 개척을 넘어서는 고급화된 영업방법으로 보험 양식장을 만들어 낼 수 있는 가장 좋은 영업방법이다. 사람이 양식장을 관리하기 위해서는 고기가 새어나가지 않도록 벽이나 테두리, 그물 등을 수선해야 한다. 그뿐 아니라 밥도 주고 물도 갈아주며 병이 나지 않도록 세밀하게 관리를 해야 한다. 그래야 필요할 때마다 언제든지 꺼내서 팔 수 있기 때문이다.

보험영업도 이처럼 관리만 잘한다면 영업 매출의 80% 이상은 손쉽게 만들 수 있다. 매운탕 집을 운영하는 사람이 손님이 왔다고 해서 물고기를 잡으러 시냇가로 나가던가. 시냇가에서는 한여름 물이 많을 때는 물고기를 쉽게 잡을 수 있지만 한겨울 시냇물이 얼었을 때는 물고기를 잡을 수가 없다. 하지만 양식장은 다르다. 필요하면 언제든 양식장에 있는 물고기를 잡아서 팔면 되기 때문이다. 그 대신 양식장에 있는 물고기는 세심한 관리가 필수조건이다.

그러기 위해서는 먼저 양식장의 물고기를 잘 키우기 위해 사료도 사고 물도 갈아줘야 하는 것처럼 보험영업을 위해서도 일정한 투자는 필요하다. 문자나 우편물도 보내고 시기적절하게 방문도 하며 고객들에게서 잠시도 관심과 시선을 놓쳐서는 안 된다. 거기에 물고기 도매상 즉 보험영업의 협력자를 만들면 일거양득이다. 그러기 위해서는 소개하는 사람에 대한 과감한 투자도 해야 한다.

물고기도 규칙성을 통해 자신들에게 밥 주는 시간과 주인의 소리를 알아차린다고 한다. 이와 마찬가지로 설계사들도 고객들에게 규칙적인 영업활동을 해야 한다. 그리고 실천하겠다고 마음을 먹었다면 반드시 실천해야 한다. 시도 때도 없이 밥을 준다면 물고기들이 밥 주는 시간이나 주인을 인지하겠는가. 따라서 준비된 규칙성을 가질 필요가 있다. "준비 없이 영업을 나가면 시간 뺏기고 차비 날리고 영업의 에너지까지 뺏기고 돌아온다"는 말이 있다. 필자는 그래서 일정한 패턴을 가지고 고객을 방문한다.

첫 방문에는 대개 소소한 이야기와 함께 필자의 명함을 주면서 고객의 이름 정도만 알아온다. 두 번째에는 필자가 직접 만들어 사용하고 있는 40페이지 분량의 제안서를 파일에 넣어서 드린다. 그 순간 대다수의 사람들은 심리적으로 빚을 진 상태에 빠진다. 세 번째부터는 우편물과 문자 등을 지속적으로 발송하며 가정에 있는 보험 증권을 요청한다. 네 번째에는 고객이 보험증권을 주지 않고는 못 배길 정도의 연결화법을 구사하여 고객증권을 적극 회수한다. 다섯 번째에는 받은 고객증권을 증권 MRI분석을 통하여 완벽하게 정리하고 정리된 원본을 고객에게 돌려준다. 여기까지가 설계사가 고객에게 요청한 것에 대한 최종 결과물인 것을 미리 통지하고 돌아서 나오는 것으로 한 단원의 막을 내린다. 여섯 번째는 만약 위에서 고객이 필요한 사항이 있거나 가입설계서 등을 가져갔다면 그 내용을 설명하는 순서 등으로 대처하면 된다.

　이때 고객이 그 모든 과정의 최종목표는 보험계약을 받아가려는 과정이라는 것을 뻔히 알면서도 따라줄 수밖에 없도록 만드는 것이 중요하다. 그러기 위해서는 전문성과 열정이 있어야 함은 당연하다.

[맺음말]

　시간은 수많은 사건과 변화를 거쳐 역사로 재탄생된다고 합니다. 필자도 살아온 시간 속에서 수많은 사건과 변화를 경험했습니다. 그래서 그 역사를 정리해보는 의미에서 이 책을 쓰게 되었습니다. 물론 필자가 살아온 그 역사 전체를 엮기보다는 보험이라는 일부분에 맞췄음을 인정합니다.
　이 책을 쓰는 내내 유용성과 소통에 대해 끊임없는 고민이 꼬리에 꼬리를 물고 필자의 목덜미를 짓눌렀습니다. 현장에서 활동하는 설계사님들에게 유용하겠는가, 그리고 이 책을 통해 그분들과 소통이 가능하겠는가에 대한 질문이 엄습했던 것이지요.
　그러나 이 책을 탈고하고 세상에 내놓는 이 순간에도 그 답에 대한 확신을 할 수가 없습니다. 만약 그러한 확신을 한다면 그것은 그저 필자의 순진한 바람이겠지요. 어쨌든 저는 그 답을 독자들에게서 구할 것입니다. 이 책을 탄생시킨 것은 필자이겠지만, 궁극적으로 이 책에 생명력을 불어넣고, 키워갈 사람들은 독자들이기 때문입니다.
　이 책을 내놓으면서 필자의 작은 바람이 있습니다. 이 책을 통해 부디 많은 분들과 소통하고, 보험에 관한 이야기를 나누었으면 하는 것이 그것입니다. 모쪼록 부족한 글이지만, 앞선 사명감과 열정 때문이려니 하고 헤아려주시면 감사하겠습니다.

땀 흘리는 사람만큼 아름다운 사람은 없다고 합니다. 현장에서 열심히 뛰면서 고객을 만나고 있을 아름다운 설계사님들의 건강과 안녕, 그리고 행복을 기원합니다.